公务员面试

实务解析

主编◎张长立　许　超　张　陶

中国矿业大学出版社
·徐州·

图书在版编目(CIP)数据

公务员面试实务解析 / 张长立，许超，张陶主编
. —徐州：中国矿业大学出版社，2021.12
ISBN 978-7-5646-5159-6

Ⅰ. ①公… Ⅱ. ①张… ②许… ③张… Ⅲ. ①公务员
—招聘—考试—中国—自学参考资料 Ⅳ. ①D630.3

中国版本图书馆 CIP 数据核字(2021)第198554号

书　　名　公务员面试实务解析
　　　　　GONGWUYUAN MIANSHI SHIWU JIEXI
主　　编　张长立　许　超　张　陶
责任编辑　姜　翠
出版发行　中国矿业大学出版社有限责任公司
　　　　　(江苏省徐州市解放南路　邮编 221008)
营销热线　(0516)83884103　83885105
出版服务　(0516)83995789　83884920
网　　址　http://www.cumtp.com　**E-mail**:cumtpvip@cumtp.com
印　　刷　广东虎彩云印刷有限公司
开　　本　710 mm×1000 mm　1/16　**印张** 12.25　**字数** 207 千字
版次印次　2021 年 12 月第 1 版　2021 年 12 月第 1 次印刷
定　　价　47.00 元

前　言

公务员考试录用制度作为国家公务员制度的重要组成部分，承担着选拔公务员的重任，是选拔录用担任主任科员以下及其他相当职务层次的非领导职务公务员的第一道关口。为政之要，唯在得人。自古以来，选拔人才都是国家政治生活的重要议题之一。我国于1993年颁布实施《国家公务员暂行条例》，标志着我国公务员制度的诞生。从20世纪90年代国家需要宣讲公务员考试为何物到如今的公务员考试热的出现，人们对公务员考试的认可与接受程度不断提高。公务员考试录用制度在选拔德才兼备的人才、完善公务员考录法律法规以及提升考试科学性等方面取得很多突破。选拔一支德才兼备、清廉公正、精干高效的公务员队伍可有效加快推动改革开放与现代化建设。因此，不断完善公务员考试录用制度在破除传统“官本位”文化的不利影响、促进考录制度科学发展、加强公务员队伍建设、有效防止机关选人用人上的不正之风等方面，无疑具有重要的现实意义。

面试是国家公务员录用考试的重要环节，近年来随着国家公务员录用考试日益科学化与规范化，公务员面试的题目内容、题型和难度等方面都发生了重大变化，给广大考生的备考提出了更高的要求和新的挑战。为了帮助广大考生科学应对这些挑战，更加准确地把握公务员面试的脉络，增加面试成功的概率，我们组织编写了《公务员面试实务解析》这本教材。《公务员面试实务解析》是在考生较好地掌握了《公务员面试基础理论》之后，针对公务员面试过程中的“语言表达能力、举止仪表能力、人岗匹配能力、综合分析能力、组织协调能力、人际交往能力、危机应对能力、情绪控制能力”等测评要素，运用实际案例去解析各测评要素中的关键知识点，特别是运用我们编写团队自己创设的“知识回溯训练法”来告诉考生如何面对实际问题进行基础知识回溯，达到“举一反三”之效。《公务员面试实务解析》旨在让考生在解题中深化对公务员面试基础理论的理解与应用，从而提高考生公务员面试的能力和水平。

本书是江苏省社科基金一般项目“政府向社会力量购买公共服务评估机制研究（18ZZB001）”的部分成果。感谢中国矿业大学教务部将“公务员面试理论与实务”课程立项为校通识课程进行建设，这不仅增加了我们编好该教材的信心，也强化了我们编写团队的责任担当。作为全校通识课程的教材，本书主要适用于报考公务员职位的学生使用，同时也可供报考事业单位的广大考生参考。

感谢中国矿业大学出版社为本书的编辑出版付出的辛勤劳动。此外，博士研究生林华东、熊亚超、孙海军、崔小燕，硕士研究生陆莉、王泽宇、时佳，参与了本书的资料收集、整理、文字校对等工作。

在本书编写过程中，我们参阅了国内诸多专家学者的相关研究成果，也参考了同行的相关教材和案例资料，在此我们表示由衷的感谢。由于编写水平有限，本书难免有不足之处，敬请广大读者不吝指正。

编　者

2021年12月

目　录

1

第一章

公务员面试的八大基本能力概述

2003年，国家人事部出台了《国家公务员通用能力标准框架（试行）》（国人部发〔2003〕48号），明确了公务员需要具备的九大通用能力（见表1-1），这是公务员招录命题的重要依据。

表1-1　国家公务员通用能力标准框架（试行）

公务员通用能力	具体内容
政治鉴别能力	有相应的政治理论功底，坚持党的基本理论、基本路线、基本纲领和基本经验，认真实践"三个代表"重要思想；
	善于从政治上观察、思考和处理问题，能透过现象看本质，是非分明；
	具有一定的政治敏锐性和洞察力，正确把握时代发展要求，科学判断形势；
	贯彻执行党的路线、方针、政策
依法行政能力	有较强的法律意识、规则意识、法制观念；
	忠实遵守宪法、法律和法规，按照法定的职责权限和程序履行职责、执行公务；
	准确运用与工作相关的法律、法规和有关政策；
	依法办事，准确执法，公正执法，文明执法，不以权代法；
	敢于同违法行为做斗争，维护宪法、法律尊严
公共服务能力	牢固树立宗旨观念和服务意识，诚实为民，守信立政；
	责任心强，对工作认真负责，密切联系群众，关心群众疾苦，维护群众合法权益；
	有较强的行政成本意识，善于运用现代公共行政方法和技能，注重提高工作效益；
	乐于接受群众监督，积极采纳群众正确建议，勇于接受群众批评
调查研究能力	坚持实践第一的观点，实事求是，讲真话、写实情；
	坚持群众路线，掌握科学的调查研究方法；
	善于发现问题、分析问题，准确把握事物发展的历史、现状和产生的影响；
	积极探索事物发展的规律，预测发展的趋势，提出解决问题的建议；
	善于总结经验，发现典型，指导、推动工作
学习能力	树立终身学习观念，有良好的学风，理论联系实际，学以致用；
	学习目标明确，根据自己的知识结构和工作需要，从理论和实践两方面积累知识与经验；
	掌握科学学习方法，及时更新和掌握与工作需要相适应的知识、技能；
	拓宽学习途径，向书本学、向实践学、向他人学

表 1-1(续)

公务员通用能力	具体内容
沟通协调能力	有全局观念、民主作风和协作意识； 语言文字表达条理清晰，用语流畅，重点突出； 尊重他人，善于团结和自己意见不同的人一道工作； 坚持原则性与灵活性相结合，营造宽松、和谐的工作氛围； 能够建立和运用工作联系网络，有效运用各种沟通方式
创新能力	思想解放，视野开阔，与时俱进，具有创新精神和创新勇气； 掌握创新方法、技能，培养创新思维方式； 对新事物敏感，善于发现、扶植新生事物，总结新鲜经验； 善于分析新情况，提出新思路，解决新问题，结合实际创造性地开展工作
应对突发事件能力	有效掌握工作相关信息，及时捕捉带有倾向性、潜在性问题，制定可行预案，并争取把问题解决于萌芽之中； 正确认识和处理各种社会矛盾，善于协调不同利益关系； 面对突发事件，头脑清醒，科学分析，敏锐把握事件潜在影响，密切掌握事态发展情况； 准确判断，果断行动，整合资源，调动各种力量，有序应对突发事件
心理调适能力	事业心强，有积极、乐观、向上的精神状态和爱岗敬业的热情； 根据形势和环境变化适时调整自己的思维和行为，保持良好的心态、情绪； 自信心强，意志坚定，能正确对待和处理顺境与逆境、成功与失败； 良好的心理适应性，心胸开阔，容人让人，不嫉贤妒能

根据《国家公务员通用能力标准框架》的相关精神，有关专家将面试中需要测评的通用项目概括为八项，这八项能力就是公务员面试出题的重要知识点。

一、综合分析能力

综合分析能力在思维活动中起着重要作用，是思维的智力操作的重要组成部分。综合是在头脑中将事物的各个部分或各种特征联合为整体，分析则是在头脑中将事物的整体分解为部分。在公务员的日常工作中，经常涉及对问题的宏观理解把握和事物间矛盾关系的理解，显然综合分析能力十分重要。

二、语言表达能力

语言表达能力是指以言语的方式针对不同的听众采用不同的方式、风格将自己的思想、观点明白无误地表达出来，并试图让听众接受的一种能力。

三、危机应对能力

危机应对能力是指在有压力的情境下，思考、解决问题时能够迅速而灵巧地转移角度、随机应变、触类旁通，做出正确的判断和处理的一种能力。

四、组织协调能力

组织协调能力是指对自己、他人、部门的活动做出计划、排出日程、调配资源，并对冲突各方的利益根据一定的标准进行协调的一种能力。

五、人际交往能力

人际交往能力是指建立和维持自己与他人、团体相关关系的一种能力。这些关系是有目的的、与工作相关的，包括与他人的沟通以及组织中的服从、合作、协调、指导、监督活动。

六、情绪控制能力

情绪控制能力是指在受到较强刺激或处于不利的情境中时，能保持自己情绪的稳定，并约束自己行为反应的一种能力。自我情绪控制能力的考查主要是考官根据面试时面试者对一定问题的反应预测面试者在日常生活中的表现。

七、人岗匹配能力

人岗匹配能力，即求职动机与拟任职位的匹配性。求职动机是指在一定需要的刺激下直接推动个体进行求职活动以达到求职目的的内部心理活动。个人的求职动机与拟任职位所能提供的条件相一致时，个体胜任该职位工作并稳定地从事该工作的可能性较大。

八、举止仪表能力

举止仪表能力是指面试者通过外在的着装和言行举止表现出的一种能力。

2

第二章

语言表达能力的评分要点与答题技巧

一、语言表达能力的评分要点

语言表达能力是公务员必须具备的一种重要能力。在面试中，语言表达能力主要考查面试者能否准确地表达自己的思想、观点和意见，言语是否清晰、流畅、具有较强的感染力。

【观察要点】清楚流畅地表达自己的思想观点，说服动员别人，以及解释、叙述事情的能力。语言表达能力要求面试者口齿清晰，叙说流畅；内容有条理，富有逻辑性；能被他人理解，并具有说服力；用词准确、恰当、有分寸。

结构化面试中语言表达能力的测试通常有两种情况：常见的一种情况是不专门设置题目，语言表达能力的测试贯穿于整个面试过程，考官根据面试者对每一个问题的语言回答予以综合评分。另一种情况是在对所有回答问题综合评分的基础上，另外专门设置演讲面试题进行测试。

【评分等级】用词的准确性、内容的条理性、口齿清晰以及能理解他人并被他人理解等情况。

好：用词准确、恰当、有分寸，表达简明扼要、清晰流畅、逻辑性强，语音、语调、语速恰当，有很强的感染力，说服力强。

中：用词基本准确，能将自己的意思表达清楚，具有一定的逻辑性，语音、语调、语速基本恰当，有一定的说服力。

差：用词不准确，口齿不清晰，表述不连贯，逻辑性不强，不能将自己的意思表达清楚，语音、语调、语速存在明显问题，没有说服力。

二、语言表达能力答题技巧

公务员面试离不开语言，因为面试者要回答考官提出的各种问题就必须使用语言。因此，面试语言运用好坏，直接关系到面试成绩的好坏。所以，面试者掌握面试的语言技巧，对于面试有着重要作用。

（一）面试语言的特点

要掌握公务员面试的语言技巧，首先必须掌握公务员面试语言的特点。公务员面试语言是口语，它不同于书面语言。公务员面试语言具有如下特点。

1. 时间的迅速性

在面试中，考官提出问题，面试者一般应在1～2分钟内做出回答。从时间上看，面试对答题的要求是非常迅速的，它不可能像书面语言一样字斟句酌、反复思考。面试语言的这种时间上的迅速性决定了面试者的思维必须敏捷，决不能犹豫，同时要具有快速组合语言的能力。如果思维不敏捷，快速组合语言的能力不强，就会出现冷场的现象。一旦出现冷场的现象，面试者就会陷入比较被动的局面。

2. 接受对象的特定性

面试语言的接受对象不同于书面语言。书面语言的接受对象是不特定的，即接受对象的范围是比较广泛的。面试语言的接受对象是报考单位的领导或考官，因而其接受对象是特定的。面试语言的接受对象的特定性决定了面试者在回答问题时必须考虑领导和考官的接受程度，不能随心所欲，既要准确地回答问题，又要表现出对领导和考官的礼貌、尊重。

3. 内容的限定性

面试题目是考官根据职位相关情况精心设计的，它从不同的方面考查面试者的知识水平和能力。因此，面试者答题的语言内容是限定的，必须围绕题意回答问题，不能谈与题目无关的内容，更不能答非所问。如果面试者大谈与题目无关的内容或者答非所问，就会导致面试的失败。

4. 反馈的即时性

面试是面试者与考官面对面进行的，因此面试者和考官的信息交流是在现场实现的。面试者的口语表达的情况如何，是否令人满意，面试者可以从考官的面部表情和情绪中得到反馈。因此，在回答问题的过程中，面试者应善于观察考官的心理和情绪的变化，根据考官的心理和情绪的变化，及时调整语言，力争取得最佳的效果。

(二) 准确地运用词语

语句是一个一个词语构建起来的，因此，词语是语句的基础。如果词语使用不准确，那么语句无疑就会出现问题，从而影响面试表达的效果。要准确地运用词语，必须做到以下几点。

1. 弄清词语的含义和使用的范围

要准确地使用词语，首先必须弄清词语的含义和使用范围。如果连词语的含义和使用范围都没有弄清楚，那么就不可能准确地使用词语。例如：

问：你是公安学院的毕业生，为什么不去报考公安部门的公务员，而来报考监察部门的公务员呢？

答：我是公安学院的毕业生，对公安工作也很感兴趣，但是我觉得做监察工作更具刺激性。喜欢做更有刺激性的工作，这是我们年轻人的一个共同的特征。所以尽管报考公安机关的公务员，我被录用的希望更大一点，但是经过反复的考虑，我还是报考监察机关的公务员了。我想，考官是不会介意的。

面试者在这段答题中有两个词语使用不准确，第一个词语是"刺激性"。所谓刺激，是指生物在外界的推动下激动起来的意思。在这里用"刺激性"来描述监察工作的性质，显然是不恰当的。如果将"刺激性"改为"挑战性"就准确了，因为"挑战性"恰当地描述了监察工作的性质。第二个词语是"介意"。介意有把不愉快的事情放在心上的意思。面试者报考监察部门的公务员并非是件不愉快的事情，考官也不会把它当作一件不愉快的事情，因此在这里如果将"不会介意"改为"不会不支持"，就准确地表达出面试者所要表达的感情了。这位面试者为什么对这两个词语运用得不准确呢？究其原因就是没有把握这两个词语的含义和使用范围。由此可见，在面试回答问题使用词语的时候，一定要弄清词语的含义和使用范围，只有这样，才能准确地运用词语。

2. 弄清词语之间的关系

词语之间具有一定的联系，比如有的词语包含了另一个词语的含义，这两个词语之间具有属种关系。有时，两个词语的含义是完全相同的，这两个词语就具有全同关系；有时，两个词语的含义是部分相同的，这两个词语之间就具有交叉关系。这就是词语之间的关系。在面试中，要准确地使用词语，就必须弄清楚各个词语之间的关系，否则就会导致表达不严密。例如：

问：你有哪些业余爱好？

答：我有两个方面的爱好，第一个爱好是在学习上喜欢独立思考。无论遇到什么问题，我都要认真思考，不依靠向别人寻求答案，自己苦苦思索，非找出答案来不可。因此，老师和同学都很佩服我的这种精神。我的第二个爱好是打篮球和各种体育活动，我是我们班的体育活动积极分子。

不难看出，这位面试者对"有哪些业余爱好"的回答存在着两个问题，第一是没有弄清楚"业余爱好"与"爱好"这两个词语之间的关系，"业余爱好"属于"爱好"的范围，但是其外延比"爱好"小。由于没有弄清楚这两个词语之间的关系，面试者将"业余爱好"回答成"爱好"了，这就扩大了题意的范围，把不属于"业余爱好"的"独立思考"当作"业余爱好"了。"打篮球"与"各种体育活动"这两个词在外延上具有包含关系，一般是不能并列使用的。因此，如果将这句话改为："我的业余爱好是喜欢体育活动，比如喜欢打篮球、打乒乓球、跳高、跳远、登山等"，这样从逻辑上说就比较严密了。由此可见，在面试中回答问题，一定要弄清词语之间的关系，准确地运用词语，保证答题的逻辑性。

3. 恰当使用模糊词语

模糊词语是指词义范围不够确切的词语。在面试中回答问题时根据需要，恰当地使用模糊词语，有可能获得更佳的效果。

问：在工资待遇方面你有什么具体要求？

答：工资待遇人事部门有规定，领导对我们是很关心的，因此我们是很放心的。

这位面试者没有回答自己在工资待遇方面的具体要求，而是使用了"有规定""很关心""很放心"这几个模糊词语表达了自己对这个问题的态度。显然，他的这种态度自然、得体，容易获得考官的好评。如果在回答这个问题时，面试者讲一个具体确切的数字，表面上看起来是精确的，但如果说高了，考官有可能会认为面试者过高地估计了自身价值；说低了，考官会认为面试者态度不够诚恳，因而这个"度"是很难把握的。在这种情况下使用模糊词语，更能取得好的效果。

（三）恰当地运用语句

在面试回答问题时，除了准确地运用词语外，更要恰当地运用语句。如果面试者回答问题时语句运用得不好，那么就不可能取得令人满意的效果。所以，面试者在回答问题时一定要恰当地运用语句。

1. 适当运用短句

短句是指用少量的词语组成的句子。这种语句的特点是简单精练，富有力量，同时又易于被考官接受。因此，在面试中回答问题时适当地运用短句，能收到较好的面试效果。例如：

问：如果我们单位录用你，在进入单位的前三年，你有什么打算？

答：我打算虚心学习，积累经验，提高水平，适应环境，开拓前进；服从领导，听从安排，遵纪守法，努力工作，多做贡献。

这位面试者全用短句回答了考官提出的问题，节奏明快，语句流畅，朗朗上口，声声入耳。由此可见，根据回答题目内容的需要，适当地运用短句，面试效果更为理想。

2. 交错运用长短句

面试者在面试中，必然会遇到考官提出一些较为复杂的问题，而要回答这些复杂的问题，单纯地选择短句难以完整地表达自己的观点。在这种情况下，面试者可以根据回答问题的内容的需要，适当地选用一些长句与短句交错使用，同样可以收到好的效果。例如：

问：有一个国有工厂的总工程师被一个私营小厂以三万元的月薪挖走了，你怎么看待这个问题？如果上海有一家公司想高薪挖走你，你会走吗？

答：我认为这种情况有两个方面的原因。第一是这个国有工厂可能存在一些问题。这是因为对于总工程师这种人才来说，一般首先看重的是自己的工作环境，而不是金钱。可能是工厂体制不顺，各种因素限制了他个人的发展，能力不能得到发挥，人格未被尊重，价值未被认同，他理所当然地会离开这样的单位，找个更好的单位施展自己的才华，发挥自己的作用，这样无论对单位、对社会、对国家、对自己都有好处。因此，总工程师在这种情况下离开原单位，我觉得是无可非议的。第二是总工程师可能存在问题。如果这个国有工厂对总工程师各个方面都是非常重视的，而且给他创造了良好的条件，但是他为了追求金钱而离开原来这个环境不错的单位，那么说明总工程师在思想上是有问题的，他的做法是令人遗憾的。至于我，一旦选择了公务员的岗位，外面的薪水再高，我也是不会动心的，因为做公务员是我的理想、我的追求。我早已下定决心，理想不能改变，追求必须实现。

这位面试者回答问题长短句交错使用，既明确地表达了自己对总工程师被挖走的看法以及自己坚守公务员岗位的态度，切中题旨，又显示出了语言的参差美，容易给考官留下较为深刻的印象。

3. 善于使用假设复句

前一分句提出一种假设情况，后一分句说明在这种情况下产生的结果，这种复句叫假设复句。假设复句常用的关联词语是“如果……那么”“只要……就”“即使……也”，等等。这种假设复句的特点是，两个分句之间具有假设关系，即前一分句是后一分句结果出现的条件。若前一分句的条件存在，则后一分句的结果也将存在。正是由于两个分句之间存在着这种制约关系，因而，面试者在回答问题中适当运用假设复句对于观点的论述有着重要作用。

（四）适当地运用修辞手法

在面试中，面试者回答问题所运用的表达形式有叙述、说明、议论。在叙述和议论中适当地运用一些修辞手法，不但可以使语言形象生动，而且可以使问题阐述得更加明确，从而增强面试的效果，提高被录用的可能性。因此，根据回答问题的内容的需要，适当地运用一些修辞手法，是非常必要的。

1. 运用比喻，形象说明道理

比喻是指用另一事物与这一事物的相似点来形容说明这一事物的一种修辞手法。例如“如果我被录用为公务员，一定要像铁人一样，不怕苦，不怕累，不断开创新局面。”这里的“我一定像铁人一样”，就运用了比喻的方法，其中“我”是本体，“铁人”是喻体，“像……一样”是喻词。由于这段语句运用了比喻，因而形象地表达了面试者被录用后做好工作的坚强决心。比喻在面试回答问题中已被广泛运用。比喻能使面试者在回答问题时将抽象的道理形象化、具体化地表达出来，从而收到好的面试效果。例如：

问：你学的是什么专业？你对你所学的专业有何认识？

答：我学的是计算机专业，这是一个新的、很有发展前途的专业。我认为，这个专业好像早晨八九点钟的太阳，充满了希望。

面试者在这里把计算机专业比作"早晨八九点钟的太阳"，形象而又明确地说明了计算机专业的美好前景，十分形象地表达了自己对计算机专业的认识，给人留下了深刻的印象。

面试者在回答问题中使用比喻时，首先要注意把握本体与喻体之间的相似点。因为两类事物只有在某一点上有相似之处，才能形成比喻。其次，要用自己熟悉的事物作喻体。因为用熟悉的事物作喻体，可以使比喻更加贴切，从而收到较为理想的答题效果。

2. 运用层递，阐明深刻道理

层递是指以从浅到深、从低到高、从小到大、从轻到重的形式来表达客观事物发展关系的一种修辞手法。运用层递的修辞手法既能使面试者在回答问题时由浅入深地阐明某一深刻的道理，又能加深考官对面试者回答问题的印象，从而使回答收到令人满意的效果。例如：

问：你在学校参加过勤工俭学吗？你对勤工俭学有何看法？

答：我在大学四年学习期间，利用业余时间参加了不少的勤工俭学，比如，在食堂做过清洁工，在信息公司当过调查员，也当过家庭教师。我认为，勤工俭学可以使大学生养成良好的劳动习惯，减轻家庭负担，巩固专业知识，了解社会情况，积累工作经验，为走向社会奠定良好的基础。

这位面试者运用层递的修辞手法阐述了大学生勤工俭学的重要意义，令人信服，无疑会得到考官的好评。

3. 运用顶真，显示答题的力量

顶真是一种首尾衔接的修辞手法，其表现形式是前一句的结尾是后一句的开头。在面试回答问题时运用顶真修辞手法，不但能使言语朗朗上口，而且能使所答内容一环紧扣一环，从而显示出答题的逻辑力量。例如：

问：医生和病人亲属常常对病人隐瞒重大病情，你如何看待这种现象？

答：医生和亲属往往对一些病人隐瞒重大病情，对于这个现象我是可以理解的。因为对一些病人来说，如果他们知道自己患有重大疾病，就会承受不了，如果承受不了，就会导致情绪不稳定，如果情绪不稳定，就会加剧病情。因此，医生和亲属对病人隐瞒重大病情，这是对病人的关怀，有利于病人稳定情绪，从而有利于病人治疗。因此，我们决不能把向病人隐瞒重大病情看作撒谎，应该把它看作善举。

这位面试者运用顶真的修辞手法阐述了病人如果知道自己患有重大疾病的不利因素，然后在此基础上说明对病人隐瞒重大病情的必要性，逻辑严密，令人信服。

4. 运用排比，增强答题的气势

排比是指将三个或者三个以上结构相同或相似，意思相近或相关的语言片段连贯地排列起来的一种修辞手法。这种修辞手法在面试中能从不同的角度完善地表达自己的观点，并能有效地增强答题的气势。例如：

问：如果你能被录用为公务员，那么希望自己成为一个怎样的干部？

答：我接受了党和国家对我多年的教育，并在大学期间加入了伟大的中国共产党。我深知是党和国家把我培养成合格大学生的。因此，如果我能加入公务员队伍，一定要不断地接受党和领导对我的教育，努力使自己成为一个政治理论和业务知识丰富的人，努力使自己成为一个党性强、敢于坚持原则的人，努力使自己成为一个实事求是、作风正派的人，努力使自己成为一个艰苦朴素、密切联系群众的人，努力使自己成为一个廉洁奉公、依法办事的人。

这位面试者在回答问题时一连运用了 5 个排比句，阐明了希望自己成为一个知识丰富、党性强、作风正派、艰苦朴素、廉洁奉公的干部，语言流畅，充满气势，具有较强的感染力。

3

第三章

举止仪表能力的评分要点与答题技巧

一、举止仪表能力的评分要点

仪表风度主要指面试者的体形、外貌、气色、衣着举止、精神状态等。对公务员来说，仪表风度非常重要。从某种意义上说，仪表风度体现了一个人的精神风貌。如果公务员的精神风貌不佳，那么容易给人民群众留下不好的印象。

【观察要点】举止仪表能明了地反映了一个人的素质修养和内在功底。举止仪表能力测试主要用于考查面试者在表情动作、衣着打扮、气质外貌、精神状态等方面的举止仪表能力。

结构化面试中举止仪表测试不专门设置题目。举止仪表能力的测试贯穿整个面试过程，考官根据面试者在面试过程中的实际表现予以综合评分。

【评分等级】仪表是否端庄、打扮是否得体、衣着是否整洁、言行举止是否文明、是否有多余的动作以及精神状态如何等情况。

好：仪表端庄，打扮得体，衣着整洁，言行举止符合规范礼节，能够很好地约束自己，朝气蓬勃，精神饱满。

中：衣着整洁，打扮基本得体，言行举止基本符合规范，能够约束自己，注意力较为集中。

差：衣着不整洁，言行举止不规范，没有朝气，注意力不集中。

（一）体态语言运用的原则

体态语言是指面试者在面试中，通过神色、动作、姿态和服饰等手段来传递信息的非言语语言。体态语言在面试中有着重要作用，它能帮助面试者表达内心丰富的感情，同时与口语密切配合，使面试取得令人满意的效果。正因为体态语言在面试中有着十分重要的作用，因此面试者不仅要学会体态语言，而且要善于运用体态语言。要善于运用体态语言，首先必须掌握体态语言的运用原则。

1. 按不同民族和地域习惯使用体态语言

体态语言是人们在长期生活中约定俗成的。因此，生长在不同的民族和不同地区的人们都有着各自的体态语言。这是由于生活环境、文化背景、风俗习惯、交际方式的不同所造成的。所以面试者在面试之前应充分了解面试所在地区的体态语言的含义。如果不了解不同地区的体态语言的含义，面试就有可能失利。

例如，某地区在录用公务员面试时，让面试者坐在椅子上，面对三位考官答题，这已形成了一个约定俗成的规矩。然而有一次，一位面试者在回答问题时突然站起来，将椅子搬开，站着回答问题，并且摇头晃脑，自以为很有风度、十分潇洒。考官很不满意，认为这位面试者的这些行为很不成熟，不宜担任公务员。显然，运用体态语言必须按照不同民族和地区恰当选择，不能自以为是。

2. 根据面试的具体情景使用体态语言

体态语言的含义受具体情景的制约，同一种体态语言在不同的情景中有着不同的含义。所以面试者在面试中必须根据不同的情景，恰当地运用体态语言，使体态语言在面试中发挥出应有的作用。如果不根据具体的情景运用体态语言就有可能使人产生误解。

例如，在面试中，考官给一个面试者提出一个问题，并给予 3 分钟的时间考虑。这位面试者在听完考官的问题后，面对考官微笑。考官认为这位面试者不严肃，不认真思考问题。考官为什么会这样解读这位面试者微笑的含义呢？这是因为，在这个情景中，面试者应该沉思，以表明自己认真的态度，这种认真的态度自然也是对考官的尊重。然而这位面试者却忽视了这一点，所以也就难免被考官误解了。如果这位面试者在回答了考官提出的问题后再面带微笑注视考官，那么就会给考官传递一种自信的信息。由此可见，根据面试的具体情景使用体态语言是非常重要的。

3. 综合运用各种体态语言

体态语言丰富多彩。面试者应该充分运用丰富多彩的体态语言来表达自己丰富多彩的思想感情。具体来说，面试者在面试中根据面试回答问题的需要，可综合运用眼神、动作、姿势、表情等体态语言，以收到良好的表达效果。诚然，在综合运用这些体态语言的时候，要注意协调，避免各种体态语言的相互矛盾和冲突。另外，在面试中不要单一使用某种体态语言。单一使用某种体态语言，有可能给考官一种机械、呆板的印象，从而给自己带来不利的影响。

(二)恰当地调动面部表情

人的眼睛、嘴巴和眉毛的形状和变化构成了面部表情。这三者的不同组合就形成了人的喜、怒、哀、乐等不同表情。面试者有意识地通过面部表情表达自己的思想感情,就有可能给考官留下深刻的印象,从而给自己带来有利的影响。

1. 注意用眼神与考官交流

著名的艺术大师达·芬奇曾经说过:“眼睛是心灵的窗户。”达·芬奇的名言说明了人的眼神与内心思想感情表达的关系。因此,眼神在面试中有着十分重要的作用。在面试中,面试者要通过目光的注视来形成与考官的交流。因此,面试者在面试中眼睛要注视考官,如果有多个考官,面试者还应注意不要把目光盯在一处,要注意不时地注视其他考官。

总之,面试者要注意用眼神与考官交流,眼神要沉静坚毅,表明自己充满信心、成竹在胸;要避免出现眼神闪烁不定、黯淡无光的现象。

2. 眉毛要平直

眉毛是面部表情的一个重要部分。在面试中,面试者的眉毛一定要平直,不能皱起眉毛,也不能将眉毛上挑或下撇。因为皱起眉毛,或者将眉毛上挑或下撇,可能会给考官传达出一种心情浮躁、信心不足的信息,从而给自己带来不利的影响。

3. 嘴形闭合要自然

嘴形也是面部表情一个不可忽视的部分,面试者也应重视。在面试时,面试者的嘴巴应随着说话的内容自然地闭合,不要频繁地变换嘴形,不要露出牙齿,不要打哈欠。否则,面试者有可能在考官的心目中留下不拘小节、不求上进的印象。

4. 微笑要自然、坦荡

微笑是面部表情的一个重要组成部分。微笑能够体现面试者的自信心,微笑能够沟通面试者与考官的心灵,微笑能够表达面试者对考官的尊重,微笑能够反映面试者乐观向上的精神风貌。因此,面试者在面试中要善于利用微笑,充分运用微笑表达自己的思想感情,运用微笑缩短自己与考官的心理距离，运用微笑稳定自己的情绪，运用微笑使答题的内容显现出吸引人的光彩。当然，面试者在面试微笑的时候要注意自然、坦荡，千万不要露出现献媚讨好的笑。

（三）保持良好的身体姿态

身体姿态反映了一个人的精神风貌。面试者如果身体姿态良好，那么就会在考官的心目中留下精神振奋、坚韧沉着的印象。如果面试者的身体姿态欠佳，考官就有可能认为面试者缺乏朝气。因此，在面试中面试者必须保持良好的身体姿态。面试者一般都是坐着回答问题的。俗话说，坐有坐相，故面试者要坐得端端正正，不能坐得歪歪斜斜，同时要收腹挺胸，注视前方，显示出精神饱满的状态。从面试的实践来看，有些面试者在面试中，不注意自己的坐姿，斜坐在椅子上，眼睛盯着天花板或者地面，不敢注视考官。这种姿态必然导致面试的失利。所以，面试者无论在什么地方面试，无论面对一个考官还是多个考官，都要保持良好的身体姿态，充分展示自己奋发向上、精力充沛的良好形象。

（四）充分发挥手势语言的作用

手势语言在面试中有着不可替代的作用。在面试中，面试者可以运用手势语言表情达意，也可以运用手势语言替代口语。要发挥好手势语言的作用，面试者必须掌握各种手势语言的含义和所表达的情感。

面试者手心向上：手势上扬，可以表达对领导的培养和关怀、对考官关照的感谢和敬佩之情，也可以表示对优良作风和传统以及对先进思想进行弘扬的含义。

面试者手心向前：手势向前推，可显示出奋发向上、开拓前进的思想信息。

面试者手心向下：手势下按，表示对不良倾向、腐败现象的否定和抛弃。

面试者手向上：手掌斜着由上向下砍去，传达了迎难而上、义无反顾的坚决态度。

面试者在了解手势含义的基础上，应根据答题的内容恰当地运用手势语言，既不能不用手势语言，也不能滥用手势语言，要用得恰到好处。只有正确运用手势语言，才能真正发挥手势语言的作用。

（五）注意运用服饰语言

服饰包括衣着和装饰。衣着是指面试者的衣服穿着，装饰是指面试者的装饰打扮。服饰一旦附着于面试者，就与答题融于一体，成为一种传达信息的特殊方式。面试者走进面试室，给考官的第一印象就包含服饰印象。如果面试者的服饰得体、和谐，就会给考官留下精明、能干、清爽、干净的印象。如果面试者的服饰不伦不类，那么即使答题的内容丰富、声音动听，也有可能在考官的心目中留下不好的印象。

例如，有一位艺术系的毕业生穿着一件肥大的夹克衫、留着长长的头发去某单位面试，尽管他答题情况还算不错，但是也未被录用。究其原因，原来是考官看不惯他的打扮，认为他看上去不稳重。

面试者的服饰应根据自己的体型和季节去选择，同样还要考虑自己的服饰和一定的场合、地点、情境、气氛以及自己所充当的角色相吻合，色彩不要过于鲜艳和耀眼。另外，面试者的佩饰也要与服饰和谐一致。

总之，面试者的着装一定要端正大方，得体和谐，尽可能在考官的心目中留下良好的印象。

二、公务员录用面试的礼仪技巧

无论是古代人，还是现代人，都十分重视礼仪。在人际交往中，无论在何种地方和场所，只要与人接触，人们都应注意礼仪。例如，在路上遇到相识的人，彼此都会打招呼问好，或者点头致意。如果在人际交往中不注意礼仪，交际就会遇到阻力，甚至会导致中断。由此可见，礼仪在现代生活中有着十分重要的作用。在面试中，面试者除了认真答题外，无疑也应该注意礼仪。注意礼仪，一方面能够体现面试者的修养，另一方面有助于面试者给考官留下更加深刻和良好的印象，从而取得面试的成功。

（一）面试者进入面试单位和考场的礼仪技巧

面试者一进入面试单位，就应该展开礼貌攻势，面带微笑，热情友好地向负责接待的工作人员打招呼和致意。在休息或接待室里，心情要轻松，神态要自然，不要东倒西歪、故作姿态，不要高谈阔论、挤眉弄眼。当被叫到面试时，面试者走到考场的门口，要轻轻地敲门，等待工作人员引导入门。敲门不要反复，尤其是不要用力敲门，因为用力敲门一是不礼貌，二是有可能被人误解为不耐烦。进门后，面试者要主动地向考官问好或致意。考官示意或请坐时，面试者要表达谢意。如果是公安类岗位的面试者，步入考场后，要主动地向考官敬礼，并礼貌地请求考官指示。

（二）聆听的礼仪技巧

在人际交往中，聆听十分重要，一方面，通过聆听，可掌握对方发出的信息，同时也可作为自己向对方发出信息的依据，使双方处于良好的互动状态；另一方面，可体现交际一方对另一方的尊重，促进双方交流或交际的发展。在面试中，聆听同样是一个重要的环节，是准确回答问题的前提。如果连听都没有听明白，怎么能够回答得令人满意呢？另外，礼仪是考官考查面试者综合素质的一个方面，面试者一定要掌握聆听的礼仪。

1. 目光注视考官，认真倾听谈话

在面试的过程中，首先是考官谈话和提问题。在考官谈话和提问题时，面试者的目光要注视考官，表示自己在认真地倾听考官的谈话；同时也使考官觉得自己非常专注，从而给考官留下好印象。考官谈话和提问时，有的面试者眼睛望着天花板，有的面试者眼睛望着地面，甚至有些面试者的目光游移不定，这些现象可能是面试者过于紧张或不太注意造成的。这些现象都会使面试者给考官留下一种不礼貌的印象。因此，面试者在聆听时，目光一定要注视考官。如果有多个考官谈话，则哪个考官说话就注视哪个考官，使考官感受到面试者认真的态度和对他人的尊重。

2. 聚精会神，巧妙沟通

在聆听中，面试者一定要做到聚精会神，不能分散注意力，同时也不能完全处于被动的状态，对考官的提问或谈话要适当地通过表情、点头、附和来表示自己的认同，以便激起考官谈话的兴趣。对于听得不够明白的问题，可以礼貌地请求考官再说一遍；对于考官的提醒，要及时地肯定，“对，我错了，谢谢考官的指教”。这样会使考官觉得你是一个谦虚而又很懂礼貌的人。

（三）答题中的礼仪技巧

面试主要是考官通过面试者的答题来考查面试者分析问题、解决问题的

能力和综合素质，答题中同样涉及礼仪的问题。如果问题答得很好，但是不注意礼仪，那么面试者在考官心目中的形象也会打折扣。因此，注意答题中的礼仪是十分重要的。

1. 有问必答，真挚热情

对于考官的提问，要做到有问必答。有些面试者对考官的提问，半天不回答，保持沉默状态；有些则十分干脆地说“我不知道”。显然，这都是失礼的行为。对于暂时没有考虑清楚的问题，可以先用几句客套话缓冲一下：“这个问题确实非常重要，它反映了一个现实而又普遍的社会问题，我认为……”然后迅速理出思路，回答正题。对于确实不能回答的问题，也要礼貌地向考官说明：“我的知识水平有限，这个问题我没有接触过，请原谅。”这样，尽管面试者没有回答问题，但是不会造成不良影响，考官会觉得面试者真挚热情、彬彬有礼。

2. 层次分明，文风朴实

回答问题一定要做到层次分明，不能杂乱无章、随意应付。有些面试者遇到不会回答的问题时，就胡乱回答一通，其结果是牛头不对马嘴。实际上，这是一种糊弄考官、对考官不尊重的表现。另外，在回答问题时，要保持文风朴素的风格，不要装腔作势、故意卖弄。装腔作势、故意卖弄是不尊重考官的一种表现。总之，胡乱回答、装腔作势、故意卖弄都会使面试者在考官的心中留下不好的印象。

（四）面试结束时的礼仪技巧

面试结束时，面试者要十分礼貌地向考官告辞，要衷心地感谢考官的支持和指教。面试者可以说一些这样的话：“非常感谢你们的支持和指教，我觉得这次面试收获很大，希望今后能得到你们更多的指教。谢谢你们，再见！”离开面试考场时，面试者还要注意收拾好随身携带的物品，然后微笑着离开考场。如果在离去的时候遇到接待自己的工作人员，也要向他们一一致谢。

面试中的礼仪充分地表现在对考官以及考场其他工作人员的礼貌和尊重上。只要你礼貌、尊重他人，同时又很谦虚，那么就一定能够在考官心目中留下良好的印象。

4

第四章

人岗匹配能力的评分要点与案例解析

一、人岗匹配能力类问题的答题技巧

人岗匹配能力主要了解面试者选报职位的原因及其爱好、兴趣，对工作条件的要求、期望及与应聘职位之间的匹配度等。

报考动机是面试中最常见的问题，一般的面试中都有报考动机的相关提问。报考动机是指面试者在一定需要的刺激下进行求职活动并希望达到目的的心理活动。考官出这类面试问题，其目的是了解面试者报考该单位的原因、工作的态度、要求与期望、追求与抱负、人生价值取向等。

面试者在回答求职动机类问题时，要根据报考单位情况和职业特征，阐明求职原因。有些问题是要求面试者谈理想、追求或者工作打算的，对于这类题目，面试者首先要了解和熟悉所报考的职业特点或具体职位要求，然后根据职业的特点或职位要求回答问题。这样答题，才会具有针对性，才会避免空乏的议论。

不少单位在面试的时候，都会问面试者这样一类问题，即“为什么报考我们单位”“为什么要选择这种职业”“为什么要加入这个队伍”等。对于这类问题，面试者在面试前一定要了解报考单位的情况和所选择职业的特点，对报考单位的情况和职业特点做到心中有数。面试者如果对报考单位的情况和职业特点做到了心中有数，那么在回答这类问题时，可以结合报考单位的情况和职业特点阐述自己的求职原因，这样既能做到有的放矢，又容易得到考官的认同。

二、案例解析

【命题要点】个人与拟任岗位条件相一致时，个体胜任该岗位工作并稳定地从事该工作的可能性较大。人岗匹配能力主要考查面试者已具备的条件以及需求、兴趣、动机与岗位的匹配情况。

【评分等级】现实条件与岗位情况，需求与岗位情况；兴趣与岗位情况；成就动机（认知需要、自我提高、自我实现、服务他人的需要、得到锻炼等）与岗位情况；对组织文化的认同。

好：现实条件与岗位要求吻合，需求、兴趣、动机与岗位匹配，有很强的工作责任心和对事业的追求，目标明确，意向清楚，态度诚实，情绪稳定，表达清晰、流畅。

中：现实条件与岗位要求基本吻合，需求、兴趣、动机与岗位条件不冲突；有一定的工作责任心，对未来有设想，意向较为清楚，情绪基本稳定，叙述比较清晰。

差：现实条件与岗位要求不吻合，需求、兴趣、动机与岗位条件冲突；责任心不强，意向含糊不清，情绪不稳定，叙述不清晰。

案例 1

请你谈谈你的学习和生活情况。

【答题思路】

这道题看起来容易，回答起来却要认真思考。学习情况主要谈学习的内容和收获，即在学校期间，你学习了哪些内容，有哪些收获；生活情况则主要谈谈学习以外的活动情况。回答这个问题要注意概括性，不要太具体细致。

【评分参考】

我是学中文的，在学校学习期间，主要学习了政治思想理论和思想品德类课程，中国语言文学类课程，如文学史、文学作品与写作、文艺理论、现代汉语、基础写作、应用写作等。四年的大学学习，大大提高了我的思想理论和文化素质，使我具备了一定的马克思主义理论水平，使我懂得了做人的道理，也使我具备了一定的中国语言文学知识，同时掌握了一些文章的写作方法。大学期间，我已发表了 4 篇论文和 5 篇小小说。总之，大学四年的学习，为我以后的工作奠定了坚实的基础。至于我的生活可以说是简单而又丰富的，每天除了学习，有时打打篮球和乒乓球，有时和同学聊聊天，周末也和同学跳跳交谊舞。

案例 2

请你谈谈你的特长。

【答题思路】

这道题主要了解面试者专业或者其他方面的特长。在回答这个问题时，面试者要特别谦虚谨慎，如果有明显的特长，则可说出明显的特长。比如，说自己擅长写作，则必须用具体事实说明，即发表了多少作品，获得过多少奖项，这样才有说服力，才能真正算得上特长。如果没有明显的特长，也不要一口否定自己，可以找出自己某方面的优势，并且谦虚地表示这不是特长，只是在某方面懂得一些知识，然后说明这些知识，这样就不会使自己太尴尬。

【评分参考】

要说我有什么特长，我确实感到非常惭愧，因为我没有什么特长。我很喜欢演讲。由于喜欢演讲，我对演讲做过一些粗浅的研究，在刊物上发表了两篇关于演讲理论方面的文章；在学院举办的演讲比赛中，我两次获得一等奖，并且在全省大学生演讲比赛中获得过三等奖。

案例 3

你学的是什么专业？在该专业发表过相关的论文吗？

【答题思路】

这个问题主要了解面试者的研究能力和写作水平。面试者如果发表了论文，那么很好回答；如果没有发表过论文，但在内部刊物或者在写作方面得到过老师的肯定评价，也可以如实介绍。

【评分参考】

我学的是刑事侦查专业。我很热爱这个专业，当一名合格的刑警是我的追求。我现在还没有在专业领域发表过相关论文，但是我已养成了一种研究的习惯。在学习和实习中，我做了大量的笔记，并对一些现象进行了认真的研究，在这个基础上，撰写了 3 篇论文。这 3 篇论文，老师看了后比较满意，认为论文理论联系实际，对公安民警的工作有一定的指导作用，同时也分别给出了一些修改意见。我相信，将其修改后再投到有关刊物，不久我就会有论文发表出来。

案例 4

请你谈谈对生活的态度。

【答题思路】

这个问题主要了解面试者对物质生活和精神生活的认识和要求。面试者在回答这个问题时，要注意区分人生观与生活态度的不同点。人生观是指对整个人生的看法，生活态度是指建立在人生观基础上的对生活的认识、要求，不能把二者混为一谈。

【评分参考】

我认为，作为年轻人应该树立积极、乐观、进取的人生观。因为积极、乐观、进取的人生观，既可以使自己保持良好的心理状态，同时也可以使自己正确地对待生活。正是这种积极、乐观、进取的人生观决定了我对生活的正确态度。在物质生活方面，我认为只要能够吃饱、穿暖就可以了，因而没有过高的要求。在精神生活方面，我是比较注重的，对自己有一定的要求。我经常参加有益身心的活动，经常看看电影、电视，听听音乐，看看球赛，同时也参加一些体育活动；能够经常与同事讨论一些问题，发表自己对社会现象的一些看法；能够和一些朋友在节假日到一些名胜景点旅游，开阔自己的视野，陶冶自己的情操。另外，我也希望自己有一个温馨的家庭，成为自己休憩的港湾。

案例 5

在将来的事业上你是否有明确的奋斗目标，并为此做过哪些准备？

【答题思路】

明确的奋斗目标只能从公务员的角度来确立，因为你报考的是公务员。如果你从其他角度来谈奋斗目标，那么就与题意不相吻合了。这个奋斗目标虽然要明确，但不必太具体。准备工作也要围绕奋斗目标来谈，如果你没有围绕奋斗目标谈准备工作，那么你的奋斗目标就难以令人置信。

【评分参考】

在将来的事业上，我的奋斗目标是做一名优秀的公务员。自我进入大学四年级，我就树立了这个奋斗目标，因为做公务员能直接地报效祖国、报效人民。我能够上大学，离不开党和人民对我的培养。我如果进入公务员队伍，但却不能成为一名优秀的公务员，那么就会辜负党和人民对我的培养和教育。为了成为一名优秀的公务员，我认真学习了国家关于公务员的法律法规，学习了有关行政法律法规，学习了行政管理知识，并整理了一些行政管理方面的案例。我相信，只要我能被录用为公务员，我的奋斗目标就一定能够实现。

案例 6

如果能加入公务员队伍，你有什么期望？

【答题思路】

这个问题主要了解面试者加入公务员队伍以后的要求和目标，因此回答这道题应该主要从工作上来谈，尽量少谈生活上的要求和目标。因为关于生活待遇，政府有具体的规定，无须个人考虑。谈工作上的要求和目标既要概括又要适当具体，不可夸夸其谈、不着边际。

【评分参考】

如果我能加入公务员队伍，我会感到非常荣幸。我的期望有三点，第一点是希望能经常得到领导的教育和指导、得到同事的帮助，使自己成长得更快一点。第二点是希望领导多给自己一点工作，使自己的压力更大一点，学习和锻炼的机会更多一点。第三点是希望自己成为一名优秀的公务员。我能够加入公务员队伍，这是领导对我的信任，党和政府对我的信任。因此，我只有严格要求自己，努力提高工作效率和工作质量，全心全意做好工作，全心全意为人民服务，勤政、廉政，真正使自己成为一名优秀的公务员，才能报效党和祖国，不辜负党和人民对我的期望。以上就是我加入公务员队伍后的期望，我相信，只要加入这个队伍，我的期望就一定能够实现。

案例 7

有两种情景：一是奔腾的骏马，二是平静的湖泊。你喜欢哪一种情景？

【答题思路】

喜欢上述哪一种情景，无疑与个人的性格有关系。一般来说，性格直率、豪爽的人喜欢奔腾的骏马这一情景；性格温和、细腻的人喜欢平静的湖泊这一情景。在回答这个问题的时候，面试者喜欢哪种情景，就说出喜欢哪种情景的理由，对于另一种情景则不需要做出评论。如果对另一种情景也做出评论，那么就超出了题旨范围。同时也不要做出“两种情景我都喜欢，但是我更喜欢……”的回答，因为做出这种回答，同样超出了题旨范围。

【评分参考 1】

我喜欢奔腾的骏马这种情景。因为奔腾的骏马体现了时代奋发有为的精神，给人一种昂扬向上的感觉，能够鼓舞人的信心、激励人的斗志、激发人的力量，使人不畏艰难，勇往直前。

【评分参考 2】

我喜欢平静的湖泊这种情景。因为平静的湖泊给人一种温馨、和谐、安全的感觉。它能够使人平和而不浮躁，稳重而富有智慧；能够使人处变不惊，稳操胜券；能够使人保持本质，不变颜色。

案例 8

你是否喜欢接触新奇事物？

【答题思路】

接触新奇事物，这是年轻人应该具备的品质。因此，面试者应肯定地回答这个问题。创新能力是公务员应该具备的一种能力，如果对这个问题做否定的回答，那么将是不符合时代要求的。

【评分参考】

我喜欢接触新奇事物。我觉得接触新奇事物有三点好处。第一点是可以使自己视野开阔。一个人如果不接触新奇事物，那么视野就会十分狭小，如果视野狭小，那么心胸就不可能宽广。第二点是能够从新奇的事物中吸取新的知识。新奇的事物中往往蕴涵着大量的信息，因而接触新奇的事物，可以掌握新的信息，从而丰富自己的知识结构。第三点是接触新奇的事物能够激发自己的创新精神。新奇事物之所以新奇，是因为它是以前没有过的事物，或者是独具特征的事物。因而，接触新奇的事物除了能使自己耳目为之一新外，还能够激发自己的想象，而想象是有利于创新的，所以接触新奇事物能够激发自己的创新精神，提高自己的创新能力。

案例 9

你认为你最大的缺点是什么？

【答题思路】

这里说的“最大的缺点”，是从比较的角度而言的，一般来说学生没有什么最大的缺点，无非是一些小的毛病而已。一个人自身可能有好几个缺点，这几个缺点中最大的缺点是什么？这样理解题目就清楚了，另外还要弄清楚这个“最大的缺点”并不是指原则性的问题或者是性格上的毛病，而是指一些认识上的偏差、学习上存在的问题，或者处理人际关系中存在的缺点等。从这些缺点中选择一个回答就可以了，千万不要为寻找最大的缺点而惊慌失措。

【评分参考】

我认为我最大的缺点就是在学习上缺乏主动性，例如上课时我从不主动回答问题；讨论时我发言也总是在别人的后面；老师布置的作业有多少，我就做多少，从来没想到过多做。正是由于我在学习上缺乏主动的精神，所以学习成绩一直在中上水平，各科平均成绩 85 分左右。我想，如果发挥了主观能动性，我的成绩再上一个台阶是没有问题的。

案例 10

你有没有报考别的单位？如果有，是什么单位？

【答题思路】

这个问题主要了解面试者报考单位的情况，面试者应该真实地回答，以表明自己的诚信。如果只报考一个单位，则可强调为什么只报考这个单位的理由；如果还报考了另外的单位，也可真实地说明自己的想法，切不可遮遮掩掩。总之，回答这道题时一定要诚实，只有这样才能引起考官的兴趣。

【评分参考 1】

我只报考了贵单位，当时在报考时也想过多报考一个单位，但是我想，我对贵单位非常感兴趣，自己的条件不错，笔试也考得比较好，我相信面试成绩肯定也不会差，正是这种自信心打消了我报考其他单位的念头。

【评分参考 2】

除了报考贵单位外，我还报考了××单位。说实话，因为报考贵单位的人比较多，竞争太激烈，我觉得被录用的可能性不一定大，为了保险起见，我又报考了××单位。如果贵单位能录用我的话，我愿意在贵单位工作，而且保证能做好本职工作，力争做一名优秀的公务员。

案例 11

请你谈谈你所学的专业符合我们单位的工作吗？为什么？

【答题思路】

这个问题主要了解面试者所学专业是否与所报考单位的工作相匹配。如果面试者所学的专业与报考单位的工作岗位相吻合，那么就直接说明自己所学的专业为什么与所报考单位的工作相吻合。如果自己的专业与所报考单位的工作不完全吻合，那么就抓住所学的专业与报考单位的工作之间的某一个相似点进行阐述，也就是要紧紧抓住有利因素进行阐述，尽力争取说服考官。但是要注意，这里所说的"有利因素"一定要与所报考单位的工作有所联系。

【评分参考 1】

我所学的专业与贵单位的工作是相符合的。贵单位是司法行政机关，我所学的是法学专业。司法行政机关主管法律教育、普法、劳改、劳教、律师等方面的工作，这些工作都涉及法律。所以，只有懂得法律，才能干好这些工作。如果不懂得法律，就不可能做好普法的工作，同时也难以做好劳改、劳教和律师等方面的工作。因此，我认为我的专业完全符合贵单位的工作。只要贵单位录用我，我就一定能够做好工作，并且经过自己的努力能够成为一名优秀的公务员。

【评分参考 2】

虽然我学的是中文专业，表面看起来该专业与贵单位的工作不相符合，但我有较深的文字功底，已在报刊上发表了新闻、杂文、论文等 20 余篇，有几篇文章还获了奖。另外，我还熟悉公文写作。因此，我想，我完全能够适应贵单位办公室文字方面的工作。如果贵单位录用我，我一定能够做好工作，决不会辜负考官和领导对我的期望。

案例 12

你的理想和抱负是什么？你怎样实现这些理想和抱负？

【答题思路】

谈理想和抱负要切合实际，不可夸夸其谈；谈实现这些理想的措施或打算要具体可行，不要不着边际。总之，回答这个问题要求真务实，给考官留下一个既有理想抱负，又有脚踏实地精神的良好印象。

【评分参考】

我的理想和抱负是做一个具有较高政治理论和政策水平、思想过硬、业务精良、开拓创新、与日俱进的优秀公务员。要实现这个理想和抱负，第一，不断地学习马克思主义理论，学习党与政府的方针政策，努力提高自己的理论修养和政策水平，使自己的理论和政策水平适应发展形势的需要。第二，牢固树立全心全意为人民服务的思想，真正做到权为民所用、情为民所系、利为民所谋，为实现中华民族的伟大复兴努力奋斗。第三，认真学习、刻苦钻研业务知识。既要向书本学习，也要向领导和同事学习，还要在实践中学习，真正使自己做到业务精通，适应新形势下工作的需要。第四，不断创新思维，创新工作方法，不断提高工作效率和工作质量，真正做到与时俱进。我想，只要做到了以上几点，我的理想和抱负就一定能够实现。

案例 13

你认为哪种环境能够发挥出自己的才能？如果没有这种环境，你怎么办？

【答题思路】

这道题主要考查面试者的适应能力。在问题的第一个部分中，面试者可以从单位的工作环境、人际关系等方面进行回答，说明自己的真实想法。但是，有些面试者在第二部分可能做简单消极的回答，即没有这种环境，我的才能不发挥就行了。如果这样回答，恰好说明了面试者的适应能力不强。因此，第二部分的回答也应该从积极的角度回答，即如果没有这种环境，应如何发挥自己的主观能动性来显示自己的才能。

【评分参考】

我认为，领导信任是我发挥才能的前提条件，如果领导对我信任，那么我就有工作动力，就会充分发挥主观能动性，发挥了主观能动性，才能便充分发挥出来了。良好的工作环境是发挥才能的物质保障，如果工作环境不好，办公设施简陋或者不齐全，显然会影响工作的开展，同时也影响人的情绪，人的情绪受到了影响，才能难以发挥出来。良好的人际关系也是发挥才能的一个不可忽视的条件，如果人际关系不好，整天陷入是非之中，同样影响工作和情绪，也影响才能的发挥。总之，有一个宽松的工作环境、良好的工作氛围，我才能够充分发挥自身才能。

如果没有这样的环境，无疑会影响才能的发挥，但是我要把握好自己，调整好心态，在不佳的环境中排除外界的干扰，保持愉快的心情，努力发挥主观能动性。我想，我只要这样做，同样能够发挥出自己的才能。

案例 14

假如我们录用你，你希望单位安排你怎样的工作？

【答题思路】

安排工作首先希望能够专业对口，如果不能专业对口，那么也得服从安排。所以，面试者在回答这个问题时，要注意委婉含蓄一点，不要死死抓住一点，非要做某个工作不可。面试者可以提出几个希望，这样既能体现面试者思想的灵活性，也可供用人单位参考，同时也增加了自己被选中的机遇。

【评分参考】

如果我能被贵单位录用，从所学专业角度来说，我希望做会计工作。我学的是会计专业，专业对口更能够发挥我的作用。当然，如果不能做会计工作，那么我希望到办公室工作。我的写作水平较好，可以写报告、请示、讲话稿等，在实习期间也受到实习单位的好评。另外，我的人际交往能力也不错。因此，从我的情况来看，也适合做办公室工作。如果不能做办公室工作，那么我服从领导的安排，领导安排我做什么工作，我就做什么工作。我想，有领导的指导、同事的支持以及自己的努力，我一定能够做好工作。

案例 15

我们单位录用公务员主要是办公室工作人员，办公室工作琐碎、辛苦，你能够适应吗？

【答题思路】

回答这个问题，无疑要从正面回答，除非不想做这个工作，才从反面回答。从正面回答要着重说明自己不怕琐碎和辛苦，如果能用实例说明，那么会更有说服力。回答这个问题，不要空喊“我不怕琐碎和辛苦”这样的口号，因为空喊口号不但没有说服力，相反还有可能带来负面影响。

【评分参考】

我相信我能适应办公室这种琐碎、辛苦的工作，因为实践证明我不怕琐碎和辛苦。在读书期间，我担任班级的生活委员，管理班费、给同学发放奖学金、收集同学对班级的意见等，可以说工作都是比较琐碎的，但是我都做得很好且受到了同学的好评。在大学四年期间，我做了三年勤工俭学工作，负责的是打扫一个食堂的卫生，可以说又脏又辛苦，但是我坚持下来了，而且受到了膳食科和后勤保障供应处的好评。这些事实都说明我不怕琐碎和辛苦的工作。如果我能被录用，那么请考官和领导放心，我完全可以做好琐碎和辛苦的办公室工作。

案例 16

请你谈谈你的家庭情况和个人简历。

【答题思路】

下面这位面试者分别叙述了自己的家庭情况、学习情况、工作情况，非常概括，没有一句多余的话，然而内容却十分完整。考官在面试者这短短的言辞中就能够了解面试者的大致情况，即家庭要求严格、学习工作努力、积极要求上进、大学学习阶段取得的较优异的成绩等。

【评分参考】

我的家在广东珠海市，我家共有三口人，父亲是一名公安干警，母亲是一名人民政府办公室工作人员，父母对我非常关心，同时要求也非常严格。我自 6 岁上学，先后毕业于××小学、××中学，中学毕业后考上××大学。在大学四年的时间里，我先后担任班长、团支部书记、系学生分会副主席。我三次被评为三好学生，两次被评为优秀学生干部；2018 年 1 月，我加入了伟大的中国共产党。

案例 17

你能概括你在学习方面的优点吗？

【答题思路】

下面这位面试者在回答“学习上有哪些优点”的问题时，一共谈了三个优点，但是，他谈这三个优点时并没有平均使用力量，而是突出善于思考这一优点。为了突出这个优点，首先他谈了善于思考的方法，然后又用撰写和发表的论文数量的事例证明善于思考所取得的成果，不露声色地展示了自己的实力。

在面试过程中，如果面试者在某一个方面有突出的业绩或者有某种特长，那么在回答问题时，就可以在题意的范围内突出重点，介绍某种业绩或特长，并且运用具体的事例加以证明，以引起面试考官的兴趣和重视。

【评分参考】

我认为我在学习方面有以下优点。第一，我能虚心向别人学习，学习别人的长处，从别人身上吸取丰富的知识营养。第二，我善于思考。无论是对书本上的问题，还是对社会上的问题，我都善于思考，能够结合书本知识和社会实践知识进行思考，并取得了一定的成绩。比如，我在学习《刑法学》的分论时，我认真对每一个具体罪名的犯罪特征进行认真思考，并结合具体案例进行分析，写下了《论当前受贿罪的特征及防范》《关于贪污罪主刑的思考》《论当前诈骗罪的新特征》等 5 篇论文，现有 3 篇已在公开刊物上发表。另外，我还具有较强的口语表达能力，在 2018 年学校组织的演讲比赛中，我获得了一等奖，在辩论赛中我获得了最佳辩手的称号。

案例 18

你为什么对监察工作感兴趣呢？

【答题思路】

监察工作的职能是教育干部、监督干部、保护干部、惩处违纪违规干部。因此要回答这个问题，必须结合监察工作的职能来说明自己感兴趣的原因。另外，在回答这个问题时要防止片面性。例如："我感兴趣的原因是做监察工作能够查处腐败分子。我对腐败分子深恶痛绝，觉得查处腐败分子非常痛快。"难道做监察工作就是查处腐败分子吗？这种片面的回答，就会给考官留下思想不成熟的印象。因此，在回答这个问题时要注意全面性。

【评分参考】

监察工作的职能是教育干部、监督干部、保护干部、惩处违纪违规干部。我认为从监察工作的职能来看，监察工作具有重要意义，它能够使干部廉洁自律，能够保护清廉的干部，能够惩处腐败的干部，能够使干部认真践行全心全意为人民服务的宗旨，从而维护国家的利益，维护人民的利益，维护政府的良好形象。正是基于以上认识，我对监察工作产生了兴趣。

案例 19

如果你进入我们单位，你认为你的优势和不足是什么？

【答题思路】

回答这个问题，要结合面试单位的工作实际来谈自己的优势和不足。谈自己的优势时要注意谦虚谨慎，不能过分地推销自己，最好结合具体的事例来说明自己的优势。寓优势于具体的事例中，这样既可以避免显摆之嫌，又可以使考官从事例中发现你与众不同的工作能力，即优势。谈不足也要实事求是，既不要轻描淡写，也不要夸大其词，是什么缺点就是什么缺点，对自己要有一个正确的认识与评价。对考官而言，不怕你有缺点，就怕你不真诚。

【评分参考】

我认为，我进入贵单位没有明显的优势。我是学哲学专业的，我的哲学基础理论知识在老师的教诲与帮助下，还算比较扎实。在学习期间，我认真向老师学习，在老师的指导下阅读了大量理论原著，奠定了我较为坚实的理论基础。我已经公开发表论文 5 篇，且得到了有关专家的好评。如果可以把这也看作优势的话，那么这就是我的优势。我的不足是缺乏实践，没有工作经验。但我相信,有领导的教导、同事的帮助和自己的努力,我会不断积累工作经验,能够较快适应工作的需要。

案例 20

你为什么要选择人民警察这一职业?

【答题思路】

面试者需要从三个方面紧密结合人民警察的职业特征,谈选择人民警察这一职业的原因,既要符合题意的要求,又要具有一定的说服力,使考官明了面试者报考公安机关公务员的真正动机。

【评分参考】

我选择人民警察这一职业有三个原因。第一,人民警察队伍管理严格。人民警察队伍有着严格的管理制度,这样对我们年轻人来说,更有利于自己的成长。第二,人民警察这个职业有一定的挑战性。每年都有一些同志为了保护国家和人民群众的利益,同犯罪分子做斗争,身体受到了伤害,有的还牺牲了自己宝贵的生命,可见这个职业是具有一定的危险性的。但是,我认为,越是危险的职业越能够锻炼人的意志,越能够体现人的品质,越能够显示人生的价值。第三,能够更直接地为维护社会的治安秩序贡献自己的力量。良好的社会秩序是人民正常工作和生活的可靠保障,而维护良好的社会治安秩序必须依靠人民警察的力量。因此,如果我能当上一名人民警察,就能够直接地为维护社会的治安、秩序贡献力量。正是由于以上三个原因,我选择了人民警察这一职业。我想,考官和领导一定会支持我的选择。

5

第五章

综合分析能力的评分要点与案例解析

一、综合分析能力类问题的答题技巧

综合分析能力是公务员所必须具备的一种重要能力。在面试中，综合分析能力主要考查面试者是否具备分析考官提出的问题、抓住其中的本质问题展开论述且论证具体全面、条理清晰、逻辑性强、具有较强的说服力等能力。

（一）文字类题目

在工作中，公务员经常要对一些社会问题进行综合分析然后做出判断，或作为给领导决策提供参考意见的依据，或作为自己独立解决问题的依据。因此，公务员的综合分析能力是非常重要的。综合是指把事物的各个部分合并为一个整体，分析是把事物的整体分解为各个部分。综合分析能力主要考查面试者是否具备把握事物的本质，对事物进行深刻、正确的认识，思路清晰、有条理性等方面的能力。回答综合分析能力类问题主要是阐述为什么，也就是进行讲道理，并不需要谈具体做法。

（1）对于分析事物本质属性以及阐述意义、必要性或危害性类的综合分析能力题目，要注意掌握如下步骤：① 将事物或行为进行定性。② 如果是积极意义的事物或行为，可以从不同角度阐述事物、行为的意义或必要性。③ 如果是消极意义的事物、行为，可以从不同的角度阐述事物、行为的危害性或原因。④ 总结并升华主题。

（2）对于运用辩证原理，精要分析事物类的综合分析能力类题目，要注意运用马克思主义辩证法原理进行分析，以便得出准确的答案。具体来说，对于这类试题，面试者要根据题目的具体内容，运用一分为二、具体问题具体分析等方法进行分析论证。

（3）对于判断观点的对或错并分别阐述对或错的理由类的综合分析能力题目，首先要确立观点的正确或错误，然后从不同的角度分析正确或错误的理由，最后总结并强化自己的观点。

（二）漫画类题目

比起文字类综合分析题目，漫画类题目更考验面议者。漫画文字少、所表达的意思又很丰富，既包含哲理故事，又涉及时事政策或者热点事件。为此，我们将主要从漫画的创作意图、构成、考点、作答方法等四个方面为大家提供一些答题思路技巧，希望能够帮助面试者理解漫画、抓住漫画题目的答题关键。

1. 漫画类题目创作意图

漫画是用简单而夸张的手法来描绘生活或时事的图画，一般运用变形、象征的手法，构成幽默、诙谐的图画，以达到讽刺或歌颂的表达效果。因此，面试者在遇到漫画类题目的时候，可以考虑漫画反映的是什么时事政策、热点事件、哲理故事等。

2. 漫画类题目的构成

漫画类题目主要包括标题、注解、主体三个构成部分。因此，在作答漫画类题目时，可以从这三个方面审题。第一，标题的作用是告知或暗示漫画的主题思想。首先，面试者要观察，整体把握思考方向，分清楚是哪个领域的内容。第二，注解是对漫画情景的提示，要留心观察，不可忽略，把少量的注解文字合理拓展，丰富完善成具体的句子，体会漫画表达的主旨思想。第三，主体是漫画各“因素”构成的情景，要注意分析主体的身份特征，如根据服装判断主体是教师、医生还是政府工作人员等。观察主体的夸张部分。标题和注解有时候并不会出现，这就需要对主体所包含的信息多加分析，如主体的夸张的动作，快乐或悲伤的表情等，都是漫画传递给我们的关键信息。

3. 漫画类题目的考点

漫画类题目是综合分析文字类题目的图画表现形式，考点在于对社会想象的分析、政策的评论和对漫画所反映的哲理的理解。因此，面试者平时需要多关注这些考点，这样在理解漫画的时候才能够更加精准，在回答漫画类题目时才能体现出一定的理论高度。

4. 漫画类题目的作答方法

(1) 简要描述画面

一般是指对漫画内容进行简单的、客观的、介绍性的说明，字数占总答题内容的四分之一或五分之一。描述要求不添枝加叶，不带任何个人情感，不议论，不抒情。

（2）注意描述顺序

选择一定的描述顺序，可以给考官留下思路清晰的好印象。第一，可按照画面的空间顺序，如“由上到下”“由左到右”“由外到内”等。第二，可按照思维的逻辑顺序，如“总—分—总”“总—分”等顺序。第三，按照先文字后内容的顺序。如有标题，一定要先写出来，如“这是一幅标题为‘……’的漫画”，然后依次介绍画面内容，先描述背景后描述人物。

（3）恰当论证观点

证明观点时可以使用道理论证和事例论证相结合的方式。道理论证可以结合平时积累的古今中外的名言警句。选择事例论证时应注意联系社会上近期发生的同领域内的事件。选用面试者自己学习、实习、工作中的例子，更容易答出水平。选择当今社会中典型的例子或者面试者所在省市的人物事迹更容易引起考官的共鸣。

（4）结论启示运用

总的来说，对于漫画类的答题一般应从以下几个方面进行。第一，讲明漫画所包含的深刻的道理，并对漫画的含义寓意进行揭示。第二，在生活中找出具体的例子来说明漫画包含的道理。第三，同时说明这个道理对于生活和工作具有什么样的借鉴意义。第四，从这幅漫画可以得出什么样的深刻的道理或者启示。

二、案例解析

【命题要点】通过分析与综合、抽象与概括、判断与推理来揭示事物的内在联系、本质特征及变化。综合分析能力主要考查面试者能否把握事物的本质，对事物的认识是否深刻，思维的条理性是否清晰，思维的过程是否敏捷流畅，判断是否准确。

常见的考题一般围绕三个方面的内容命制：一是围绕公共服务意识、为民服务意识、群众观念、法律法规制定等方面命题；二是针对社会热点问题和某些社会现象命题；三是对看似矛盾、对立的名言、警句、社会现象进行命题。

【评分等级】对事物能从宏观方面进行总体考虑，能从微观方面对其各个组成成分予以考虑，能注意整体和部分之间的相互关系及各部分之间的有机协调组合。

好：综合分析能力强，政策理论水平较高，有自己的独到见解，说理充分，论证严密，分析比较和抽象概括能力强，思维的逻辑性强，提出的看法符合实际。

中：能抓住问题的主要方面，说理较充分，论证基本得当，提出的看法基本符合实际。

差：说理不充分，论证不严密，思维面窄，考虑问题不全面，分析比较能力差，提出的看法不符合实际。

案例 1

习近平总书记在中青年干部培训班开班式上指出："对共产党人来说，'好好先生'并不是真正的好人。"请谈谈这句话带给你的启示。

【答题思路】

通过阅读题干，我们能够看到习总书记给年轻干部提出工作要求，告诉年轻干部"好好先生"不是好人，不要做"好好先生"，要做就做好先生。

【评分参考】

(1) 什么是"好好先生"?

"好好先生"是指是非面前不开口、遇到矛盾绕着走，不讲原则讲圆滑、不求有功求无过，平平安安占位子、庸庸碌碌混日子这样一类人。总体来看，"好好先生"的特点是基本原则不强、党性修养不高、政治素养不足。

(2) 为什么说"好好先生"不是真正的好人?

"好好先生"看似与人为善，实则明哲保身；看似与世无争，实则私心作祟。他们没有公心、只有私心，没有正气、只有俗气。一方面，"好好先生"的存在会让"千里马"歇步、"老黄牛"吃亏。另一方面，"好好先生"的存在也会使单位人心涣散，滋长歪风邪气，看似一团和气，实则靡然成风。

(3) 谁是真正的好人?

在党的历史上和新中国建设中，涌现出来的为民服务、勤政务实、敢于担当、无私奉献的好干部才是真正的好人。从县委书记的榜样焦裕禄到领导干部的楷模孔繁森，从一辈子坚守共产党人精神家园的杨善洲到铁骨柔情的优秀纪委书记王瑛，他们都是真正的好人，是我们学习的榜样。

（4）作为新时代的年轻干部我们应该怎么做？

首先，要恪守原则。年轻干部应坚守原则与底线，在处理问题的时候，讲原则不讲面子、讲党性不徇私情。

其次，要向“好人”学习。通过观看影片、阅读书籍，参加先进模范事迹报告，学习先进思想，争做优秀干部。

最后，要发扬斗争精神。敢于同“好好先生”这种不良风气做斗争，面对歪风邪气敢亮剑。

案例 2

有些人认为，“思想品德是第一位的，业务技能是第二位的”，请谈谈你的看法。

【答题思路】

这是一道典型的判断观点对错的综合分析能力题目。对于这类题目，首先要判断观点的正确或错误，然后从不同的角度分析正确或错误的理由，最后总结并强化自己的观点。

本题就是要结合社会实际，阐明只有具有良好的思想品德，才能为社会做出贡献；如果没有良好的品德，业务技能越高，可能做的坏事越多。从正反两个分论点论证“思想品德是第一位的，业务技能是第二位的”观点的正确性。

【评分参考】

我认为这个观点是正确的，其理由如下：

第一，只有具有良好的思想品德，才能为社会做出贡献。良好的思想品德是人的灵魂，是人为社会和他人服务的思想基础。焦裕禄同志之所以能够带领人民治理风沙，并为改善兰考县的面貌做出了突出的贡献，受到了老百姓的高度赞扬，就是因为他有全心全意为人民服务、不怕苦、不怕累的良好品德。孔繁森同志背井离乡，支援西藏建设，为西藏的发展做出了贡献，得到了西藏人民的充分肯定，也是因为他具有全心全意为人民服务、服从组织安排的良好品德。可见，只有具有良好的品德才能为社会做出贡献。

第二，如果没有良好的品德，业务技能越高，可能做的坏事越多。从目前反腐败抓住的大小“老虎”来看，他们大多数具有较高的学历，不能说他们业务技能不强，但是他们利用党和政府给他们的权力，贪赃枉法，行贿受贿，拼命地攫取国家和人民的财产，给国家造成了重大损失，同时也严重损害了党和政府的形象，成了千夫所指、万人唾骂的害人虫。他们为什么会如此呢？究其原因是他们品德败坏，没有树立全心全意为人民服务的价值理想，因而将自己的业务技能全用在了牟取私利上。可见，如果没有良好的品德，技能越高，所做的坏事就会越多，

总之，只有具有良好的品德，才会为社会做出应有的贡献。如果没有良好的品德，业务技能越高，做的坏事就越多。因此，“思想品德是第一位的，业务技能是第二位的”，这个观点是正确的。我们一定要注重良好思想品德的培养，努力为社会多做贡献。

案例 3

党的十八大提出要“深化行政审批制度改革，继续简政放权，推动政府职能向创造良好发展环境、提供优质公共服务、维护社会公平正义转变”。请你谈谈对简政放权的看法。

【答题思路】

回答这道题首先要对简政放权进行定位，说明简政放权是政府深化改革的重大战略举措，然后从不同的角度阐述简政放权的重要意义，最后总结全文并升华主题。

【评分参考】

我认为简政放权是政府深化改革的重大战略举措，有着十分重要的意义。

第一，简政放权有利于提高政府工作效率。由于一些政府机构权力过大，政府工作十分繁重，同时也导致政府工作效率不高。一些项目政府审批往往花费很长的时间，有些甚至一拖就是几年。通过简政放权，政府可以将大量的审批权限下放，或者不予审批，政府大大地减少了工作量，于是效率也得以大大提高，过去要几个月才能审批的项目，现在几天就可以审批完毕。由此可见，简政放权有利于提高政府工作效率。

第二，简政放权有利于政府转变职能，促进服务型政府建设。过去政府将主要工作放在审批上，很少有精力向组织和公民提供优质服务；现在通过

简政放权，政府的职能由审批转移到服务上来，用大量的时间和精力为组织和公民提供优质服务。可见，简政放权有利于政府转变职能，从而促进服务型政府建设。

第三，简政放权有利于促进市场经济的发展。过去一些经济项目由于审批周期长，不能及时上马，从而影响了经济的发展。现在政府简政放权，一些项目不需要审批，即便有一些项目需要审批，时间也非常短暂，经济项目能够及时上马且能够及时产生经济效益。由此可见，简政放权有利于经济建设。

第四，简政放权有利于促进政府廉政建设。若政府权力过大，什么都需要政府审批，那么一方面一些工作人员利用审批权力寻租，另一方面一些组织或公民为了早日得到审批，又极力向有关工作人员行贿，从而严重地损害了政府的廉洁性。简政放权削减了政府工作人员寻租的空间，组织公民也无须向政府工作人员行贿，这样就使政府的廉洁性有了可靠保障。显然，简政放权有利于促进政府廉政建设。

第五，简政放权有利于提升政府形象。由于职能审批时限过长，再加上一些工作人员借机寻租，接受贿赂，因而政府在公民中的口碑不佳，形象受到了严重影响。简政放权使政府转变了职能，提高了效率，促进了廉洁。公民转变了对政府的一些看法，赞扬政府，政府在公民中的口碑越来越好。可见，简政放权有利于提升政府的形象。

总之，简政放权有利于提高政府工作效率，有利于转变政府职能、促进服务型政府建设，有利于促进经济发展，有利于政府廉政建设，有利于提升政府形象。因此，一定要将简政放权这一重大举措坚持下去，从而推动中国特色社会主义不断向前发展，实现中华民族伟大复兴的中国梦。

案例 4

有些人在分配工作的时候，由于和自己的专业不对口，因而不服从安排，你觉得这种行为对吗？为什么？

【答题思路】

回答这个问题必须对这种不服从安排的行为进行分析，这种不服从安排的行为尽管有其理由，但对组织和自己都将带来不利的因素。因此，面试者可以从这种做法带来的不利因素的角度阐述其错误性。

【评分参考】

我认为，这些人不服从安排工作的行为是不对的，具体理由有以下几点。

第一，破坏了组织纪律性。个人服从组织，下级服从上级，这是众所周知的组织纪律。因此，在组织分配工作的时候，尽管与自己的专业不对口，也应服从安排。如果不服从安排，就破坏了组织纪律性。

第二，损害了组织的权威性。不服从组织的安排，这是对组织不尊重的表现。如果大家都模仿这种行为，那么组织分配的工作就无人听从，组织的权威性就会消失殆尽。可见，这种不服从安排的行为损害了组织的权威性。

第三，给自己的发展带来不利影响。不服从工作安排，不仅会使组织对自己有看法，而且以后难以得到组织的信任。得不到组织的信任，势必影响自己的成长和发展，同时也可能带来同事对自己的不良看法。一旦同事对自己有不好的看法，就很难得到同事的帮助，也不利于自己的发展。可见，这种不服从安排的行为不利于自身发展。

总之，这种不服从工作安排的行为破坏了组织纪律，损害了组织权威，也不利于自己的发展。因此，应该改变这种行为，服从组织安排，维护纪律和组织的严肃性、权威性，确保自身健康发展。当然，组织也应尽可能根据工作人员的专业来安排工作，尽可能避免不服从工作安排的现象的发生。

案例 5

现在城市公共交通中有不少闯红灯现象，请你谈谈对这种现象的看法。

【答题思路】

可以看出，下面这个评分参考首先将“闯红灯的行为”定性为“违反交通法规的行为”，然后从不同的角度分析论证了其危害性，“闯红灯严重损害人们生命健康和财产安全”“严重地损害法律的尊严”“严重地危害正常的交通秩序”“严重地损害社会稳定”，最后总结分论点，简要提出处理措施，并升华主题。整个回答，结构完整，逻辑严密，具有较强的说服力。

【评分参考】

我认为闯红灯是一种违反交通法规的行为，具有严重的危害性。

第一，闯红灯严重损害人们生命健康和财产安全。闯红灯往往会导致交通事故。一些人闯红灯导致了严重的交通事故，一些人因此而断送了生命，一些人身体受到了严重的伤害，一些人的财产受到了严重的损害。可见，闯红灯严重损害人们的生命健康和财产安全。

第二，闯红灯严重地损害法律的尊严。《中华人民共和国道路交通安全法》明确规定，严禁闯红灯。这一法律规定经过长期的宣传，人人都清楚明白。然而一些人明知法律规定而不遵守，仍然肆无忌惮地闯红灯。这种人视法律为儿戏，践踏法律。这种践踏法律的行为严重损害法律的尊严。

第三，闯红灯严重地危害正常的交通秩序。闯红灯导致交通事故后，车辆不能正常通行，行人也不能正常通行，有时堵车一堵就是几个小时，导致正常的交通秩序遭到了破坏。可见，闯红灯严重危害正常的交通秩序。

第四，闯红灯严重地损害社会稳定。有些人因闯红灯导致了交通事故，给他人造成了损害，由于没有及时处理或处理不当，激起了受害人及其亲属的严重反感，有的会采取一些极端的行为。一旦当事人采取了极端行为，就会给社会带来不稳定的因素。

总之，闯红灯这种违法行为危害极大，它既严重危害人民的生命健康和财产安全，又损害了法律的尊严；既破坏正常的交通秩序，又给社会带来不稳定因素。因此，交警部门一定要依照法律的规定，严肃处理这种行为，争取杜绝闯红灯的行为，确保人民的生命健康财产安全，维护法律的尊严，维护正常的交通秩序，维护社会稳定，促进社会主义和谐社会建设。

案例 6

现在每年都有个别大学生自杀，你如何看待这种现象？

【答题思路】

不难看出，这道题是对消极事物谈看法。如果从危害性的角度谈看法，似乎不恰当，于是下面这位面试者从不同的角度分析自杀的原因，“大学生心理承受能不强”“家长期望值过高”“学校思想教育工作不到位”“社会负面现象的影响”等，然后在此基础上简要提出解决问题的对策，最后升华主题，整个答案全面具体。

由此可见，对于负面事物或行为谈看法的综合分析题，既可以分析负面事物或行为的危害性，也可以分析负面事物或行为产生的原因。面试者可根据试题和自己所掌握相关知识的情况进行回答。

【评分参考】

我认为大学生自杀的行为是一种不珍爱自己生命的行为，导致这种行为发生的原因主要有以下几个方面。

第一，大学生心理承受能力不强。有些大学生在学校因为学习压力大、就业压力大、人际交往压力大，有些因为失恋，加之心理素质不高，承受不了这些压力与打击，于是采取逃避的态度，过早地结束了自己的生命。

第二，家长期望值过高。一些家长对子女期望值过高，他们希望子女出国攻读研究生，获取硕士或博士学位；有的家长希望子女考上公务员；有的家长希望子女大学毕业后能拿到几十万元的年薪。一些大学生觉得自己难以满足家长的期望值，无法面见自己的父母，于是过早地结束了自己的生命。

第三，学校思想教育工作不到位。如果学校思想教育工作到位，就会了解这些大学生的思想状况和心理状况，就会针对他们的思想状况做思想工作或者心理辅导，这样大学生可以及时化解思想和心理问题，也许就不会自杀了。显然，学校的思想工作不到位也是大学生自杀的原因之一。

第四，社会负面现象的影响。社会上一些人因某种问题自杀，这种负面现象也会流传到学校，或者大学生在社会上目睹了某种现象，于是当他们遇到心理压力时，就模仿这种方法。显然，社会负面现象的影响也是大学学生自杀的原因之一。

总之，弄清了大学生自杀的原因，就要采取具体的措施，学校要切实加强大学生的思想政治教育工作，加强大学生心理辅导，增强大学生的心理承受能力，家长也要降低对大学生的期望值。只有这样，才能极大减少或杜绝大学生自杀的现象，为国家培养更多的建设者。

案例 7

自然界有这样一种现象：当一株植物单独生长时，显得矮小、单调，而与众多同类植物一起生长时，则根深叶茂，生机盎然。人们把植物界这种相互影响、相互促进的现象，称之为“共生效应”。请对此效应谈谈你的看法。

【答题思路】

对于这道综合分析题，面试者在理解“共生效应”的基础上，主要谈这一效应给我们的启示。启示要从给出的事例中合乎逻辑地推出，不能离开给出的事例，离开给出的事例谈启示就有可能导致跑题，丧失说服力。

【评分参考】

众多植物一起生长而产生的这种共生效应，给我们深深的启迪，具体说来有以下几点。

第一，只有将个人融入集体，个人才能更好地成长。当一株植物单独生长时，显得矮小、单调。为什么这样呢？这是因为一株植物缺乏养料，缺乏养料无疑就会显得矮小单调。同样，当一个人独处时，也显得孤独无趣，同样无法吸取别人的长处，因而也难以成长。显然，只有将个人融入集体，个人才能更好地成长。

第二，只有团结，才能产生力量。众多植物生长在一起，生机盎然，充满了力量。这是因为，众多植物的根交错在一起，团结在一起，因而显示了植物大家族的力量。同样，众多人紧紧地团结在一起，组成一个大家庭，也就是大集体，听从指挥，统一行动，同样能够显示出巨大的力量。显然，只有团结，才有力量。

第三，只有相互影响，相互促进，才能成功。植物之所以能够产生共生的力量，就是因为相互影响，相互促进。人更是如此，大家相互学习，取长补短，互相促进，就会共同前进，从而取得事业成功。

总之，植物生长的共生效应对我们有诸多启示，我们一定要积极融入集体，互帮互助，共同成长，共同进步。

案例 8

"一个篱笆三个桩，一个好汉三个帮。"对这句话你怎么理解？

【答题思路】

这是一句俗语，首先要理解这句话的含义，然后进一步阐述这句话给我们的启示，也可以谈这句话所产生的影响，两个角度选择一个回答即可。

【评分参考】

这句话说明了一个深刻的道理，人要想取得成功，必须获得别人的帮助，人离不开别人的帮助。社会是由人组成的，没有人就没有社会。而人在社会上又不是一个孤立的人，必须依靠别人才能生存。如果没有别人，就无法满足自己的各种需要，不能满足自己的各种需要就难以生存下去。比如，如果没有人种粮食，就没有粮食吃；人没有粮食吃，就无法生存下去。人的事业同样离不开别人的帮助，比如，有的人开办组织，如果没有员工的帮助，组织就无法生产，无法生存下去；组织无法生存下去，就会倒闭，这样人也就丧失了成功的可能性。由此可见，人生在世离不开别人的帮助。

人只有与别人密切合作，才能获得辉煌的成就。人不仅离不开别人的帮助，而且要与别人密切合作。如果一个人只是机械地获取别人的帮助，仅仅只能生存，无法成就事业，也就是说很难成为好汉。要成为有辉煌成就的好汉，就必须与别人密切合作，共同开展某个项目，研究某个课题，生产某个产品。在共同工作的过程中，应考虑别人的感受，关注别人的利益。只有这样，才能永久获得别人的支持和帮助，而且所在的团队才会有力量。也只有这样，才会取得辉煌的成就。

总之，这句话阐述了一个深刻的道理，我们要想取得辉煌的成就，也就是要成为好汉，就必须获得别人的帮助，并密切与他人合作。只有这样，才会做出辉煌的成绩，成为真正的好汉，为社会、为国家、为民族做出突出的贡献。

案例 9

古人认为："积力之所举，即无不胜也；众智之所为，即无不成也。"谈谈你对这句话的理解。

【答题思路】

该题主要测评面试者的综合分析能力。首先应理解这句话的含义，然后进一步阐述这句话给我们的启示，重点是要讲明团结与合作的重要意义。

【评分参考】

这句话表明了团结与合作的重要性。

(1) 团结就是力量，这是颠扑不破的道理。小到家庭，大到单位、国家乃至世界的发展进步，都离不开团结，都需要合作。

(2) 如今的时代，单打独斗可能获得一时的成功，但绝不可能基业长青。没有合作就没有进步，没有共赢就没有未来。只有以同舟共济的真诚态度深化合作，我们才能共同应对人类社会的各种挑战。

（3）我们一定要将自己融入集体，加强团结，互相学习，共同促进，从而使自己、社会不断向前发展。

案例 10

管理学上一个有趣的定律叫“酒与污水定律”，意思是把一匙酒倒进一桶污水，得到的是一桶污水；把一匙污水倒进一桶酒里，得到的还是一桶污水。显而易见，污水和酒的比例并不能决定这桶液体的性质，真正起决定作用的就是那一勺污水，只要有它，再多的酒都成了污水。

请结合你的工作实际，谈一谈酒与污水定律对我们日常管理工作的启示。

【答题思路】

该题主要测评面试者的综合分析能力，题目已经把酒与污水定律的内容揭示出来了，面试者主要是运用该定律去分析日常管理工作的启示问题。回答的重点是要讲出组织管理中如何发现“污水”问题，并且能够及时处理，从而保证组织管理工作的和谐有序，最后升华主题——正确处理组织与个人的关系。

【评分参考】

（1）酒与污水定律说明对于坏的成员或东西，应在其开始破坏组织之前及时处理掉。

（2）在组织管理中，难免会有污水，而污水又总会给组织带来各种各样的矛盾和冲突，这就要求组织管理者要掌握处理酒与污水冲突与协调等问题的技巧。酒和污水在一个组织中也存在着相互博弈。发现人才、善用人才，在人才大战中占得先机，是精明的组织管理者引领组织走向成功的重要砝码，而有效运用酒和污水定律，则是管理一个高效团队的有效途径。

（3）现代组织管理的一项任务是对团体中的人才加以指引和筛选，剔除具有破坏力的“污水”，使合格者的力量指向同一目标，这就是人才的运作。

（4）组织是个人的集合体，组织的整体效率取决于组织内部每个人的行为，这就要求这个集合体内的每个人都能发挥最大效能，以保持团队的整体步调一致，动作协调。尽管要做到这一点很难，但只要找到合适的途径，就能顺利扬起组织奋进之帆。

案例 11

社会主义核心价值观的基本内容是什么？请从国家、社会和公民三个层面，谈谈你对社会主义核心价值观基本内容的理解。

【答题思路】

该题主要测评面试者的综合分析能力。难点在于首先应讲出 24 个字的社会主义核心价值观的内容，然后再从国家、社会、公民三个层次分别阐述社会主义核心价值观，最后讲出三者的内在一致性和价值意义。

【评分参考】

社会主义核心价值观的基本内容是：富强、民主、文明、和谐，自由、平等、公正、法治，爱国、敬业、诚信、友善。

富强、民主、文明、和谐是国家层面的价值要求；自由、平等、公正、法治是社会层面的价值要求；爱国、敬业、诚信、友善是公民层面的价值要求。社会主义核心价值观把涉及国家、社会、公民三个层面的价值要求融为一体，既体现了社会主义本质要求，继承了中华优秀传统文化，也吸收了世界文明有益成果，体现了时代精神，回答了我们要建设什么样的国家，建设什么样的社会，培育什么样的公民的重大问题，是当代中国精神的集中体现，凝结着全体人民共同的价值追求。

案例 12

请结合上面这幅漫画谈谈刘邦获得成功带给你哪些启示？

【答题思路】

针对这一题，首先应简要描述画面内容——团队合作的价值，然后论证观点——如何打造精英团队，最后阐述结论与启迪。

【评分参考】

这幅漫画表明汉高祖刘邦带领“汉初三杰”——张良、萧何、韩信，团结合作、同谋大业的历史故事，它带给我们的启示是：

第一，一个团队要想获得成功必须有明确的奋斗目标。刘邦这个团队的奋斗目标是诛灭暴秦，成就霸业。这个共同的奋斗目标是团队成员实现可持续发展的精神动力。

第二，一个团队要想获得成功还必须拥有一个团队的核心，即领导者。在团队工作中，领导者是核心，他要善于通过调动团队成员的积极性来努力完成团队目标。

第三，一个团队要想获得成功其内部的核心成员要有比较好的分工协作。俗话说得好：一个好汉三个帮。这说明团队成员的分工协作对于团队的成功是一个非常重要的因素。在刘邦成就霸业的过程中，他充分发挥了张良、萧何、韩信三个人的特长，最终成就了伟业。

案例 13

请你谈谈下面这幅漫画带给我们什么启示。

【答题思路】

首先应简要描述画面的内容——实事求是，然后论证观点——讲实话、诚实做人、干实事，最后阐述结论与启迪。

【评分参考】

(1) 这个故事主要讲了一位国王因为虚荣心，穿着两个骗子为他做的所谓的"只有圣贤才能看见的衣服"游行，遭到耻笑的故事。安徒生通过这个童话故事对世俗世界的习惯及传统进行了深深的谴责，表达了对纯真本然事物的热切向往。

(2) 这幅漫画告诉我们在实际工作中，我们应该保持天真烂漫的童心，无私无畏，敢于说出实情，不要人云亦云，不要失去做人做事的基本原则。

(3) 我们每个人都要引以为鉴，只要是谎言总会有被揭穿的时候。当我们做错事的时候，要勇于承认，及时改正。

案例 14

请仔细观察下面的一幅漫画并就其中揭示的主题谈谈你的认识。

【答题思路】

首先应简要描述画面的内容——教育公平，然后论证观点——教育公平的重要性，最后阐述结论——解决教育公平的对策。

【评分要点】

(1) 主题是"教育公平问题"。

(2) 强调教育公平的重要性(能够答出教育的公共产品属性更好)。

(3) 分析教育不公平产生的原因(历史、城乡差异、经费投入、资源配置不合理、制度改革滞后等）。

（4）指出解决的对策（促进义务教育的均衡发展，突出漫画反映的“电脑派位”问题）。

案例 15

仔细观察下面的这幅漫画，谈谈你的看法。

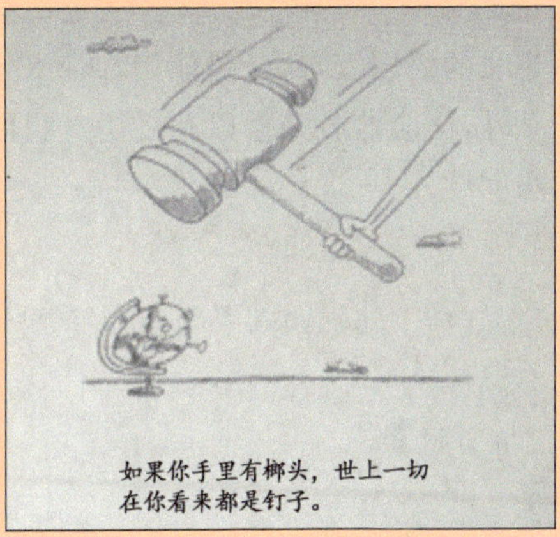

【答题思路】

这幅漫画来自这么一句话：手里拿着锤子的人，看什么都像钉子。实事求是，就是要认识到单一视角会限制人的想象力，并且时刻牢记获取最佳解决问题的方法是从多个不同的角度来观察问题，得到一个更全面的了解，从而制定出切实可行的解决方案。

【评分参考】

第一，检查你的想法。不要仅仅专注于那些能够证明你想法的正确案例，而要多与那些持有不同意见的人讨论，以便发现自己想法的不足之处。

第二，有限的经验。不要认为你在自己的专业领域之外的认识都是真知灼见，对自己未知的领域要保持谦逊，同时也要注意到专家也有他们的局限性。

第三，锤子和钉子。当你会熟练地使用某一种工具的时候，你总会尽可能多地使用它。等你花了太多的时间专注于分析某一个问题的时候，有可能会夸大这个问题以及解决方案的重要性。请牢记，没有任何一个工具是万能的。如果你总是习惯于使用锤子的话，那么请多和那些习惯使用改锥、扳手和卷尺的人打交道，多听听来自不同领域的人的意见。

第四，关注数字，但不仅仅关注数字。没有数字，我们无法理解世界，但是仅有数字，我们仍然无法理解世界。我们应专注于发现数字背后的真实世界。

第五，当心简单的想法和简单的解决方案。人类历史上从来就不缺乏充满了乌托邦式的简单想法的空想家，而最终他们都带来了可怕的结果。我们应当认识到事物的复杂性，学会兼收并蓄以及妥协。我们应当在具体情况具体分析的基础上来解决问题。

案例 16

请描述一下这幅漫画，并谈谈你对漫画所反映问题的看法。

【答题思路】

这幅漫画描述了驾校学员想要顺利通过驾照考试，必须得有红包铺路。该漫画形象地反映了驾考腐败问题。驾考腐败不仅给驾校学员造成了经济负担，更透支着公共安全，给公众的生命安危埋下了隐患。

【评分参考】

随着我国经济社会的不断发展，人们的生活水平也在不断提高，汽车得以普及，越来越多的人拥有了私家汽车。在这一背景下，驾考需求的缺口也越来越大，部分政企不分的现象让行政审批对驾校管理往往重牌照发放轻事后监管，有些部门人员从中渔利，把审批、监管、审核等权力变成了寻租筹码，由此滋生了腐败空间。此外，驾校的垄断地位成为驾考腐败的又一因素。根据我国驾驶员考证的规定，要想拿到驾驶证，只有一个办法，那就是一定要通过驾校这个环节。没有驾校的学习，是不可能拿到驾驶证的。虽然说，驾驶员培训市场已经放开，但是，实际上部分驾校依然处于垄断地位。无非是从原来的政府垄断，变成了部分人垄断而已。考证模式的"独木桥"便成了滋生驾考腐败的温床。

想要打破驾考腐败的怪圈，就要大刀阔斧地进行驾考改革，凭借制度创新，强化监督管理等手段来实现。第一，实行政企分离，打破利益藩篱，斩断利益链条。要想解决驾考腐败问题，制度是根源，实现培考分离，考试权交给公安部门来实施，把培训交给驾校来做。第二，实行社会监督与内部监督相结合，确保公平公正，防止新的腐败。第三，创新驾照培训形式。有条件的地方，可以允许个人自行学习驾驶技术，从而分离驾校考试和培训的双重职责。

案例 17

一个人既要有优良的道德品质，又要有过硬的专业技能。你认为这两者谁更重要？

【答题思路】

这是一道选择题，根据考官出题的意图，毫无疑问不能回答两个都重要，应回答道德品质更重要，然后再说明道德品质更重要的理由。

【评分参考】

我认为道德品质更重要。优良品德是人的灵魂。没有灵魂的人就好比行尸走肉，即便有更强的专业技能，也没有用处，甚至可能会给社会带来大的危害。历史上一些人专业技能不可谓不强，比如抗日战争时期的一些汉奸，他们的专业技能也许很强，但是他们出卖祖国，出卖人民，为日本帝国主义效力，残酷地杀戮同胞。再比如，现在的一些腐败分子，也不能说他们能力不强，有些人能力极强，但是由于他们道德品质低下，利用自己的能力和权力，拼命地捞取钱财，将国家和人民的钱财据为己有，既严重破坏了政府的廉政建设，又严重损害了党和政府的形象。不难看出，没有优良的品德，即便拥有最高的业务技能也不会为人民群众做好事，只会损害人民群众的利益。不难看出，优良品德比专业技能更重要。

有优良品德可以促进专业技能的学习。从实践来看，一些人并没有较高的学历和专业技能，但是他们有着崇高的品德，他们敬岗爱业，认真学习，不断提高自己的专业技能，为国家为人民做出了巨大的贡献。再比如，一些革命家，他们文化水平不高，但是他们凭着自己的爱国主义精神，在实践中学习，成了政治家和军事家，为中国的解放事业做出了突出的贡献。这些事实告诉我们，优良品德可以促进专业技能的提高，同时也告诉我们，优良品德比专业技能更重要。

总之，优良品德比专业技能更重要。没有优良品德，只有专业技能，可能做出违背良知的坏事；有了优良的品德，可以促进专业技能的提升。因此，我们一定要注重优良品德的养成，并不断提升自己的专业技能，为国家做出应有的贡献。

案例 18

领导决定由你组织一次以宣传依法治国为主题的活动，你认为重点是什么？难点是什么？

【答题思路】

这是一道分析题，出题者的意图是要求面试者就这项工作做出重点和难点的判断，进而分析为何这些是重点和难点，而并非要求面试者回答怎样抓重点和难点。如果面试者回答怎样抓重点和难点，就偏离答题的方向了。

【评分参考】

我认为这次活动的重点是宣传计划和宣传计划的实施，难点是宣传活动前的准备工作。

宣传计划是做好这次宣传工作的重要基础。如果没有宣传计划，宣传活动的开展就会无的放矢、漫无目的，这样就很难达到领导要求的目标，可能徒劳无功。因此，做好宣传计划是这次宣传活动的第一个重点。

宣传计划的实施是实现目标的重要环节。有了宣传计划，如果不能按照宣传计划实施，那么就是纸上谈兵，同样不能实施目标。因此有了宣传计划后，必须按照宣传计划一步一步开展工作，从而实现目标。如果不按宣传计划实施，那么目标同样无法实现。因此，宣传计划的实施是实现目标的重要环节，即第二个重点。

宣传活动前的准备工作是难点。这是因为，宣传活动前有大量的琐碎工作要做，比如按计划确定宣传内容、准备资料、撰写宣传材料、确定宣传形式，甚至还要排演节目。因此，宣传前有大量的具体工作要做，而且每一个细节都不能忽视，如果忽视，就会影响宣传工作的开展，进而影响宣传目标的实现。因此，宣传前的准备工作是一个难点。

既然明确了重点和难点，我们就一定要抓住重点，突破难点，从而实现宣传目标，取得良好的宣传效果。

案例 19

有人认为，凡是一流的大学生都是不想进机关当公务员的。因为他们觉得，公务员这个职业限制了他们的发展。所以进入公务员队伍的都是一些只求四平八稳、不求上进的“二流”学生。你认为这种说法是否正确？

【答题思路】

这道题主要考查面试者辨别是非的能力。这些人的看法显然贬低了报考公务员的大学生，观点有失偏颇。因此，报考公务员的大学生面对这种偏颇的观点时，首先要客观冷静、实事求是地做出观点不正确的判断，然后客观冷静地进行分析，阐述其不正确的理由。

【评分参考】

我认为这个观点是非常片面的。报考公务员的不少人是名牌大学毕业，属于“一流学生”。例如，同我报考同一单位的就有北京大学的优秀毕业生，他们富有开拓创新精神，具有很强的上进心。他们报考机关公务员，其目的是更好地发展自己，更好地用学到的知识为社会和人民服务。

从报考情况来看，大部分考生都是一流的学生，这是因为机关公务员的招录具有很强的竞争性，往往都是从十几人甚至几十人里面挑选一人，从某个方面说比高考还要难得多。另外，从公务员的工作性质来看，这种工作也具有复杂性，有些岗位的工作还具有风险和挑战性，并非是四平八稳的工作。另外，就我个人来说，我也不是“二流”的学生，我的成绩在年级里年年都是名列前茅的，年年都被评为三好学生。我具有开拓精神，并不追求四平八稳。

我报考公务员就是为了更好地锻炼自己，使自己尽快地成长，因为公务员的工作接触面比其他工作更为广泛，青年人更容易得到锻炼。

总之，这些人的看法是在不了解的情况下，凭主观臆断而得出的，因而也就难免会出现认识上的错误。

案例 20

鱼遇到火才知道感恩水，对此请谈谈你的理解。

【答题思路】

这道题主要考查面试者的系统思维能力。面试者能够通过对鱼、火、水三者的关系分析，联系到现实生活中如何做到感恩的问题。这道题要求面试者要具备良好的辩证逻辑思维能力与综合分析能力。答题时，应先点题——人在现实生活中应该具备感恩意识，然后具体阐释理由，最后回应主题。

【评分参考】

鱼遇到火的炙烤才知道感恩水的重要性，那么对于我们个人来说也是一样。人只有在遇到危险并陷入困境时，才懂得感恩我们日常生活中习以为常的东西。因此，这句话是教会我们要活在当下，要有一颗感恩的心。

一方面，从生态领域来看，我们赖以生存的阳光、空气、水等都是用之不觉、失之难存的。当空气中充满了雾霾，当绿水青山变成了污水荒山，这个时候才能够唤起民众对生态环境保护的意识。

另一方面，从情感角度来看，生活中值得我们感恩，但是却被我们忽视的事情有很多。古人曾有“父母在不远游”的感恩之情，但是当今社会我们却有太多“子欲养而亲不待”的遗憾。

因此，对于我们个人来说，我们在感恩这方面要做的事情还有很多。一方面，我们要像爱护自己的眼睛一样去保护生态环境，从节约用水，从随手捡起一片垃圾做起，做到物尽其用，环保出行。另一方面，对于父母或者其他亲人，我们能做的也有很多。比如，我们在日常忙碌的工作之余，不妨放下手机，多回家看看，多陪陪父母；不妨推掉一些聚会，多陪父母去逛逛街、谈谈心，将感恩落实到日常生活的一点一滴之中。

案例 21

在万物可租时代，社会出现租赁消费，有人说这是环保的消费观念，可以帮年轻人减压；有人说这会让年轻人产生错误的消费观念，对此你怎么看？

【答题思路】

这道题主要考查面试者的辩证思维能力。面试者需要对“租赁消费”这一经济模式是帮助年轻人减压还是让年轻人产生错误的消费观念进行立意、表明态度，然后给出理由。注意，答题时需要运用辩证思维，不能形而上学地看问题。

【评分参考】

租赁消费是指出租人将物品以租赁的形式转交给承租人使用而获得一定报酬的全新经济模式，这是在互联网共享经济的形势之下衍生出来的一个新名词，也让年轻人在经济实力有限的形式下形成了一种新的消费理念。我们应当理性客观地对待租赁消费，让租赁消费合理地为我所用。

首先，租赁消费能够节约一定的社会资源，并且环保，避免了闲置物品的浪费，减少了物品生产环节产生的资源浪费和环境污染；可以多人承租，实现了物品的循环可持续利用。

其次，租赁消费经济实惠，可以使消费者提前实现生活质量的保证，满足部分消费欲望。尤其是青年人，在经济压力较大的情况下，他们面临着高昂的物价和房贷的压力，这种租赁消费不失为一种更加实用、更加能够满足年轻人当前需求的一种消费方式，节约了年轻人的日常开销。

最后，年轻人在面对租赁消费模式时极容易产生一种错觉，容易因为虚荣而过分追求与自己经济实力不相符的奢侈品，从而导致不良的习惯，很容易出现盲目消费甚至过度消费的观念，租赁产品还伴随着物品损害赔偿的风险。因此，对于租赁经济，我建议年轻的消费者应该根据自己的需求，量入为出，根据自身收入进行适度消费，选择可靠的租赁平台，并且在交易过程中尽量多保留相关证据，以备维权使用。

案例 22

政府把一些公共服务事项通过政府购买的形式交给社会公益组织来开展，比如帮扶残障人士和贫困居民等。有人说这是政府服务社会的创新，也有人说这是政府懒政的表现，对此，你怎么看？

【答题思路】

面试者在回答问题时应了解政府购买公共服务的含义，在理解其含义的基础上提出自己的观点和看法。政府购买服务，是指通过发挥市场机制作用，把政府直接提供的一部分公共服务事项以及政府履职所需服务事项，按照一定的方式和程序，交由具备条件的社会力量和事业单位承担，并由政府根据合同约定支付费用。

创新的关键点在于政府采取的工作方式的落脚点为群众利益，提高工作效率和群众满意度；懒政的关键点在于政府所采取的措施均为自身利益着想。题干中列举“帮扶残障人士和贫困居民”的例子，说明政府工作的落脚点在群众，因此，面试者在提出自己的观点时，应注意符合正确的价值观与价值取向。

答题时要遵循以下步骤：首先提出观点——我认为政府购买公共服务是对过去行政方式的突破和创新而不是一种懒政行为，然后论证观点，最后给出完善措施并回应主题。

【评分参考】

政府购买公共服务是充满新意的一种方式，也是我国向其他发达国家学习借鉴的一种政府管理模式。政府购买服务可以节约财政资金、提高资金使用效率，降低行政成本、提高行政效率，同时引入了竞争机制，提高了政府的透明度，可有效抑制腐败。但是，也有人认为政府购买公共服务是懒政的表现。我认为造成这一误解的主要原因在于这些人对购买公共服务的认识、理解有误。

首先，购买公共服务是一剂良方，在医疗、教育、慈善事业、公共交通等很多领域，民间力量确实发挥着巨大的作用。政府逐步放开市场准入，释放改革红利，凡社会能办好的尽可能交给社会力量承担，这本是好事一桩。

其次，国外很多国家都采用政府购买公共服务的方式。例如，在美国，公共服务通过私化外包的方式转包，欧洲福利国家以社会组织承接服务的形式构建“政府—社会”二元提供公共服务的格局。两种模式各有特色，其共性的特点在于放松规制，借助市场、社会组织的优势，增强政府提供公共服务的能力。

最后，购买社会公共服务能够激发政府能力、社会动力、市场活力，但它首先需要政府自身进行转型和改革。政府要从“万能政府”逐步转化为“有限政府”的角色，调整好自身心态，敢于以壮士断腕的勇气进行自我削权，改进消极懒政的工作作风，努力打造公正、廉洁、高效的新服务型政府。此外，政府要适当借助互联网力量，帮助民众拓宽参与公共事务的渠道，要善于依民力、恃民心、用民智。

案例 23

习近平总书记到北京大学考察时，勉励青年学生“人生的扣子从一开始就要扣好”。请联系实际，谈谈你对这句话的认识。

【答题思路】

这句话源自习近平总书记2014年5月在北京大学师生座谈会上的讲话。在答题时，要明确背景，备考时考生要不断拓宽自己的知识积累，时刻关注国家的大政方针以及社会的热点话题，挖掘考题的本来面貌，洞察命题人的意图。

在这道题中，衣服上一粒粒排列有序的扣子，就好比人生或一项事业的一个个关键节点；用扣扣子的行为，比喻我们在成长时会经历好几个阶段；用第一粒扣子，比喻一件事情、一项事业的开端。面试者如果能清楚地知道词句的含义，合理引申，就能够准确把握题目的主旨。

具体思路：首先提出观点——人生的扣子从一开始就要扣好，进行立意，并将“扣扣子”与实际工作和生活联系起来，说明“扣好第一颗扣子”的重要性；然后论证观点，一般我们常用的论证方法包括事例论证、理论论证和比较论证三类；最后落实观点，按照聚焦对象的不同，可以从个人和群体两个层面入手来落实观点。

【评分参考】

人们常说，我们青年是祖国的未来。大学时期正是我们建立人生观、价值观的时候，就好像穿衣扣扣，如果第一粒就扣错，剩余的扣子都会扣错。所以，正值青年的我们，应该拼搏努力，时刻警醒自己，扣好我们人生的第一粒扣子。

梁启超在《少年中国说》里提道："少年智则国智，少年富则国富，少年强则国强……"国家的未来取决于我们，我们的理想、我们的人生目标都要再三思考，我们要做的每件事，我们日后从事的职业都不仅仅决定着我们的未来，也关系到国家的未来。因此，扣好人生的第一粒扣子就变得十分重要，我们决不能扣错，否则会影响到我们的未来。《道德经》中讲："合抱之木，生于毫末；九层之台，起于累土；千里之行，始于足下。"所以，要扣好人生的第一粒扣子，就要脚踏实地、扎实干事、勤勉做人。

"不经一番彻骨寒，怎得梅花扑鼻香。"青年的我们，吃过苦就会有收获，懂得奉献也就拥有良好的品德，也就扣好了我们人生的第一粒扣子。相反，那些只看重自己而忘记他人，只看重物质而不注重精神的人，永远扣不好他们的第一粒扣子。看看那些手戴镣铐的贪官污吏、误入歧途的职场精英，哪个不是从一开始就控制不住自己的欲望，放松了对自己的约束，扣错了第一粒扣子，拿了不该拿的钱，走了不该走的路，结果堕入深渊，万劫不复。

其实，扣好人生的第一粒扣子，就是在提醒我们：青年时代，正是我们思想养成的阶段，我们要形成良好的习惯，拥有良好的品德。青年时代，正是我们敢打敢拼的时候，我们应该拼搏努力、踏实肯干，保持自己的好习惯、好品质，树立正确的人生观、价值观。

案例 24

俗话说："谦虚使人进步，骄傲使人落后。"同时，现在社会又强调要"表现自我"。你怎么看待"谦虚使人进步，骄傲使人落后"与"表现自我"二者之间的关系？

【答题思路】

面试者在答题时需要运用辩证思维，注意阐明"谦虚使人进步，骄傲使人落后"与"表现自我"之间不是非此即彼的对立关系，而是辩证统一关系。

【参考答案】

"谦虚使人进步，骄傲使人落后"是说一个人要时刻保持谦虚谨慎的心态，只有这样才能够正视自己的不足，看到别人的长处，通过不断学习使自己取得进步。现代社会强调"表现自我"，说的是在竞争激烈的当下，我们必须学会在恰当的时机展现自己的能力，才不至于被埋没。二者并不是矛盾对立的，而是辩证统一的。

虽然现代社会强调表现自我，但这并不等于提倡骄傲。如果一味地表现自我，只认为自己才是最好的，这样只会适得其反，不仅会固步不前，反而会令人反感。相反，如果一个人在工作中默默无闻，谦虚地学习和工作，往往就能不断地提高自身各方面的能力，这样才能在强调表现自我的现代社会永远立于不败之地。

既要表现自我，也要注重团队合作。谦虚能为我们赢取良好的人际关系，带来工作上的便利。骄傲则是一种自我内心的膨胀，是不可取的。因此，表现自我要采取正确的途径，抱有正确的心态。

要想表现自我，就要在平时采取谦虚的态度，明确自身的不足，学习更多的知识，掌握更多的本领，从而在自己的业务领域有过人之处。相反，如果没有过硬的本领和渊博的知识为基石，一味地表现自我，那就是浅薄和愚昧。

我们需要成才，需要得到别人的认可，也需要表现自我，可是在表现自我得到别人的认可之后，我们不可以骄傲，我们需要谦虚，这样才能得到别人真正的肯定！

我们既要谦虚谨慎，努力工作，又要在工作中施展自己的才华，提高自己的技能，从而最终实现自己的社会价值与个人价值，实现自我表现与谦虚谨慎的统一。

案例 25

一个小国派遣使者向中原的国王进献三个金人，并提问“这三个金人哪个最有价值”。国王请工匠测量、称重。三个金人无论哪方面都是一模一样，国王对于使者的提问难以回答。正在为难之际，有大臣拿来一根稻草，稻草从第一个金人一边耳朵进去，另一边耳朵出来；从第二个金人的耳朵里穿过，从嘴里出来；而第三个金人，稻草掉进了它的肚子里再没出现。面对大臣给出的答案，使者默默无语。请谈谈你对这则寓言的看法。

【答题思路】

题目中的三个金人分别代表了三种人——不善于倾听者、“长舌”者、守口如瓶者。相应的，面试者可以从多个角度提出观点，如善于倾听使人进步，能说会道不如脚踏实地，能保守秘密的人是最“金贵”的，等等。

首先，提出观点。通过审题，面试者基本上能够看出，这道题用“三个小金人”的寓言故事说明了保守秘密的重要性。面试者在说出观点的时候，可以开宗明义，并围绕“守口如瓶”这个优秀的品质展开自己的论述。

其次，论证观点。第一，事例论证。对于此题，面试者在确定论点后，可以添加事例、联系实际展开论述，以使得论述结构完整，达到善始善终的效果。第二，道理论证。就此题而言，我们可以选择把名人名言或者传统文化经典中的相关论述作为我们的理论依据。第三，比较论证。面试者可以通过对三种人进行比较，论证自己的观点。

最后，落实观点。面试者在提炼出观点后，在经过理论论证的基础上，联系国家、社会、个人的实际情况进一步丰富自己的论证：由此我联想到，我国正处于社会主义现代化建设的攻坚阶段，近年来我国的经济有了很大的发展，为了实现中华民族伟大复兴的中国梦，为了让自己变得更好，我会脚踏实地，加强学习，努力做一个善于倾听、讷言敏行的君子。

【参考答案】

这则故事主要表现了三种人，第一种是把别人的话当耳边风的人；第二种是不能保守秘密的人；第三种是不管他听到了什么话都不会到处乱说，把话放进心里，当说则说，不当说则三缄其口的人。这个故事告诉我们，最有价值的人，不一定是最能说话的人。人有两只耳朵一个嘴巴，也许是让我们多听少说吧。善于倾听，才是有修养的人最基本的素质，我们做人遇事就应该做到像第三种人一样：听到的秘密，守口如瓶；吸收的知识，消化在肚里。

孔子云，“君子欲讷于言而敏于行”。一个人要想有所成就，要想踏踏实实地做事，最好的方式就是多听少说，多吸取别人的经验。少说，不是让我们不说，而是要有原则地说，明白什么该说、什么不该说。很多场合中一些人一打开话匣子就难以止住。话说得太多，既会浪费自己的精力，又会让人分不清主次，还会无意中伤害到别人，同时无法从别人口中获取更多有用的信息。

对于我们来说，在工作中更是应该少说多做，避免急功近利。有些人在工作中总是喜欢发牢骚，殊不知，有时不经意的一句话就可能给同事留下消极怠工的印象，既不利于工作又影响自己今后的发展。还有些人稍有一点成绩就生怕别人不知道，开始到处“宣传”，往往没有料到接下来的工作还会有很多问题需要去解决，反而给领导留下不踏实、不可靠的印象，那么这就要求我们多做事。多做，并不是简单机械地在数量上叠加，而是要在看清问题的前提下，掌握方法、迅速有效地去做。面对工作中的每一项任务、每一个细节，我们都要高标准地要求自己，尽自己最大的努力，在最短的时间内把工作做到最好。

总之，“千里之行，始于足下”。如果我们想获得成功，就应该少说多做、脚踏实地，要多着眼于工作中的细微之处，让自己真正做到“敏于事而慎于言”。

6

第六章

组织协调能力的评分要点与案例解析

一、组织协调能力类问题的答题技巧

在面试中，组织协调能力主要考查面试者对上级交办的有关会议或活动是否有符合实际情况的计划，会议或活动的组织是否到位，各方面的关系协调是否令人满意，等等。

组织协调能力是公务员必须具备的一种能力，包括工作计划能力、调配及安置人财物的能力、处理解决问题的能力、人际交往等各项能力。公务员如果不具备组织协调能力，就不能有效地开展各项工作。尤其是担任领导职务的公务员，如果缺乏组织协调能力，无法或者不能很好地协调上下级之间的关系，就会缺乏凝聚力；如果缺乏凝聚力，就难以完成工作任务，就有可能延误政府工作，甚至给政府和人民造成损失。因此，无论是基层公务员，还是具有领导职务的公务员，只有具备较强的组织协调能力，才能做好政府的工作。

组织活动类题型。组织活动类题型一般要求组织者即面试者就怎样负责整个活动的全过程，或者负责组织活动的一个部分做出回答，这类题主要体现面试者的组织能力。这类题型可以按照计划、实施、总结、汇报等四个阶段开展工作的情况来答题。

处理有关问题类题型。这类题型的内容一般是某地或某单位出现了一个问题，织上派你去处理，你怎么处理？这类题型主要考查面试者处理问题的能力。一般可按照如下步骤答题：第一，分别深入调查情况；第二，根据调查情况进行分析，找出矛盾的焦点；第三，根据情况分析，采取不同的方法来处理。

对策性题型。回答这类题目，要根据存在的问题，从不同问题或者原因角度提出解决问题的对策或建议。

分析与对策相结合类题型。这种类型题目既考查面试者分析问题的能力，又考查面试者解决问题的能力。回答这类题目首先是针对有关问题进行分析，然后提出对策或解决问题的建议，即应先分析，后提出对策。回答问题时，两个方面都要回答，不能只回答一个方面，而忽视另一个方面。同时，这类面试题型也间接地告诉我们，综合分析题不要仅回答对策。

二、案例解析

【命题要点】通过计划安排、调配资源，同时控制、激励和协调群体活动过程，并协调各方利益，完成工作任务。主要考查面试者对工作任务进行结构分解，对资源进行合理配置，有效地协调组织之间关系、人际关系、控制群体活动过程的能力。

【评分等级】依据部门目标，预见未来的要求、机会和不利因素，并做出计划；看清相互依赖的冲突各方之间的关系；根据现实需要和长远效果做出适当选择，及时做出决策；调配与安置人财物等有关资源。

好：有较周全的计划安排，考虑问题全面，能抓住关键，措施得力，协调各方力量共同完成任务，表述条理清晰。

中：工作有一定的计划性，参与意识强，有协调的意识，能够对问题加以解决，办法基本有效，表述条理基本清楚。

差：工作缺乏计划性，考虑问题不全面，计划安排漏洞多，缺少协调意识，工作措施不得力，表述条理不清。

案例 1

如果在你被录用为公务员后，组织上安排你担任办公室秘书，你准备怎样开展工作？

【答题思路】

办公室秘书工作既有非组织协调工作，即一些事务性的工作，也有组织协调工作。面试者在回答这个问题时，两个方面都要考虑，不能只考虑一个方面而忽视另一个方面。

【评分参考】

如果我能担任办公室秘书，我准备做好以下几项工作。

做好信息的收集整理工作。现代社会是信息社会，作为办公室秘书，必须充分认识信息工作的重要性，做好信息的收集和整理工作，为领导决策和处理问题提供强有力的依据。

做好文件的收发和档案的整理工作。作为秘书必须做好文件的收发工作，及时处理好文件，并且做好整理归档工作。

做好日常接待工作。外单位人员来我单位办事，做到热情接待，给对方留下一个良好的印象。

做好有关文字的处理工作。起草领导交代的有关报告和文件，并努力做到文通字顺，符合要求。

做好领导交办的其他临时性工作。

案例 2

假如领导让你组织一次会议，请你谈谈具体做法。

【答题思路】

该题主要考查面试者的计划组织协调能力，这类题型的答题思路一般是按照计划、实施、总结、汇报等四个阶段进行展开。

【评分参考】

如果领导让我组织一次会议，我接受任务后，首先向领导请教，了解领导关于召开这次会议的意图和具体要求。在了解领导的意图和要求后，按如下步骤开展工作。

第一，理解领导意图，制订会议计划。会议计划包括会议的目的意义，会议的主题，参加会议人员，会议的报到时间和地点，会议持续的时间，会议需要携带的文件资料，会务组成员，会议所需经费。计划制订好后报领导审批。

第二，按照会议计划，准备和召开会议。首先做好召开会议的准备工作。成立会务组，召开会务组会议，明确职责。拟订和下发会议通知，准备好会议所需要的文字材料，编制好会议的程序，做好会议的食宿安排。然后组织报到，安排住宿。最后，正式召开会议。组织与会人员听取领导的主题报告；组织与会人员讨论领导报告的内容；了解讨论情况，编写会议简报；组织与会人员听取领导的总结报告。

第三，回顾工作情况，撰写总结材料。召开会务组人员会议，回顾会议的准备和召开的有关工作情况，分析所取得的成绩及存在的问题，撰写成一份总结材料。

第四，向领导汇报，并递交总结材料。如实地向领导汇报所做的会议准备和召开会议的工作、取得的成绩和存在的问题，并向领导递交总结材料，请领导批评指导。

案例 3

如果你被录用为公务员，组织决定由你负责组织一个调查组去农村调查农民的生活状况，你准备怎么做？

【答题思路】

该题主要考查面试者的计划组织协调能力，这类题型的答题思路一般是按照制订计划、实施调查活动、撰写调查报告、总结汇报等四个阶段进行展开。

【评分参考】

如果我被录用为公务员，组织上决定由我组织一个调查组，调查农民的负担问题，接受任务后，我会向领导请示，了解领导的意图和具体要求，然后按照如下步骤开展工作。

第一，根据领导意图，制订调查计划。调查计划包括：调查的目的与意义、调查的主要内容和提纲、调查的形式、调查的地点、调查的时间、调查组的成员、调查报告的撰写、调查的经费预算等内容。调查计划拟定好以后报领导审批。

第二，根据调查计划开展调查活动。首先，根据计划做好调查前的准备工作。召开调查小组成员会议，讨论调查内容，明确分工与职责；拟定好调查通知，并下发有关单位；拟定好调查提纲，确定调查形式，做好调查前的一切物资准备工作。其次，按照调查计划开展调查工作，按照调查提纲召开村民座谈会，了解村民关于物质生活和精神生活的状况；找村委会干部了解村民生活的状况；到田间地头找村民访谈他们的物质生活和精神生活状况；到村民家里考察村民的生活状况。

第三，整理分析调查材料，撰写调查报告。将调查所得信息进行归类整理，进行认真分析，然后撰写一份调查报告，调查报告包括农民的生活状况，即物质生活与精神生活状况；农民生活中存在的问题及原因；解决农民生活问题的建议。

第四，向领导汇报调查情况，递交调查报告。如实地向领导汇报调查情况及取得的成绩和存在的问题，并向领导递交调查报告，请领导批评指导。

案例 4

某工厂与当地村民发生矛盾，组织让你去处理，你将会如何处理？

【答题思路】

这道题主要考查面试者组织计划协调与危机应对两个方面的能力。这类问题的处理一般分为三个步骤：调查分析情况，找出问题焦点，采取处理对策。

【评分参考】

接受任务后，我立即赴工厂所在地，准备按照如下方式进行处理。

第一，多方调查情况，掌握矛盾发生的原因。首先，到村民中了解情况，召开座谈会，了解情况；然后，到工厂分别找领导和工人了解情况；最后，在多方了解情况的基础上，分析矛盾发生的原因。

第二，根据矛盾发生的原因，分别提出不同的处理意见。① 如果是工厂侵犯了农民的合法利益，责成工厂赔偿。首先，要召开工厂负责人会议，指出工厂存在的侵权问题并分析侵权的危害性；然后，责成工厂向农民赔礼道歉，并赔偿损失，从而化解矛盾。② 如果农民向工厂提出过高的要求，未能满足要求而发生矛盾，则依据政策和法律的规定，耐心细致地做好农民的工作。首先，要做好村委会和党支部的工作，然后与他们一道向农民讲清工厂不能满足要求的理由，相信农民理解了政策和法律的规定后就会放弃自己过高的要求，从而逐步化解矛盾。③ 如果双方都存在矛盾，就做好双方的工作。如果工厂确实存在损害农民利益的情况，则要求工厂按照政策的规定给予农民合情合理的补偿。如果农民确实也存在过高的要求，则对农民讲清政策和法律的规定，使农民放弃过高的要求。农民与工厂各自解决自己存在的问题，从而化解双方矛盾。

总之，我相信，只要了解了矛盾发生的原因，然后依据政策和法律规定耐心细致去做好思想工作，就一定能够解决问题、化解矛盾，从而促进社会和谐稳定。

案例5

现在不少农村劳动力过剩，请谈谈怎样才能解决农村劳动力过剩的问题。

【答题思路】

该题主要考查面试者的计划组织协调能力与综合分析能力，这类题型的答题思路一般是要注意答题的系统性和全面性，要从多方面综合施策。

【评分参考】

第一，加强技术培训，提高农民的劳动技能。现在一些农民缺乏劳动技能，不能适应工厂工作岗位的需要。当地教育部门要举办农民劳动技能培训班，根据有关工作招聘的需要，培养农民的劳动技能。这样在工厂招聘时，农民自己就能找到工作，从而解决了农村劳动力剩余的问题。

第二，对农民进行技术和资金扶持，帮助农民对农产品深加工。农村有不少农产品没有深加工。政府职能部门给予农民技术和资金扶持，因地制宜，帮助农村建立农产品加工组织，这样既可以增加农民的收入，又可以解决农村剩余劳动力问题。

第三，加快城镇化建设。该对策可以使相当一部分农民转移到城镇，从事第三产业或其他工作。这样也可以解决部分农村剩余劳动力的问题。

第四，加强信息服务。一部分农民没有出去打工，是因为就业信息不畅通。因此政府职能部门要加强信息服务，及时向农民发布用工信息，农民知道了用工的信息，可以去应聘。这样也可以解决部分农村剩余劳动力的问题。

第五，合理解决农民工在城市中的户口、身份问题，并提高福利待遇。一些农民工已经在城市工作，但因户口和有关福利待遇问题又回到了农村，从而带来了农村劳动力剩余的问题。政府要统筹解决农民工户口、医疗卫生、子女上学、住房保障等问题，这样就会使他们安心在城市工作，从而解决部分农村劳动力剩余的问题。

第六，开展区域协作，加强农村劳动力的异地转移。开拓海外市场，加快对外劳务输出步伐。要简化劳务输出的手续，给予农村劳动力出国前期费用上的信贷支持，帮助农村剩余劳动力了解涉外就业信息，并充分发挥劳务合作组织的作用，加强境外务工技能培训工作。

总之，只要政府采取各种措施解决农村剩余劳动力问题，农村的剩余劳动力就能找到合适的工作。这样一来，农民既能提高自身生活水平，又能为建设祖国做出自己的应有贡献。

案例 6

有群众来政府办事，有位公务员叫他去找领导，请谈谈你对此的看法。如果是你，你应该怎么做？

【答题思路】

这道题既考查面试者分析问题的能力，又考查面试者解决问题的能力。回答这类题目首先是针对有关问题进行分析，然后提出对策或解决问题的建议，即先分析，后提出对策。回答问题时应注意全面，两个方面都要回答，不能只回答一个方面，而忽视另一个方面。

【评分参考】

（1）我认为这位公务员这种对待群众的态度是不对的。

第一，这位公务员过于冷漠。作为公务员，对待前来办事的群众，应该热情接待，体现政府工作人员对群众的友善，应给前来办事的群众一种亲切感。这位公务员没有热情接待群众，没有让座、倒水，给群众一种冷冷的感觉。显然，其对群众的态度过于冷漠。

第二，公务员这种态度是推诿、不负责任的表现。当群众来办事时，应该先询问群众的诉求，然后根据具体情况做出处理，如果自己能办就办理，不能办就说明理由或者帮助群众找有关部门或有关人员办理。这位公务员在没有询问群众的情况下就直接让群众找领导，这是一种推诿，是不负责任的表现。

第三，公务员的这种态度影响了政府机关的形象。公务员这种态度势必使政府机关在群众中留下门难进、脸难看、事难办的感觉。如果群众将这种感觉传给更多的群众，那么群众对政府就会产生不良的看法，从而会影响政府的形象。

（2）如果是我，我将这样做：

第一，热情接待群众，给群众让座、倒水。

第二，询问群众来访的目的。认真倾听群众的谈话内容，并做好相应的记录。

第三，认真回答并解决群众的问题。群众提出的问题属于本部门能够解决的，尽量给群众解决；如果属于其他部门解决的问题，则与其他部门联系，并告知群众怎样去找这个部门；如果群众提出的新问题没有先例，暂时难以解决，则耐心细致地告诉群众，请示领导后才能解决，并与群众约定时间再来，求得群众的谅解。

第四，向领导汇报情况，听取领导指示。

总之，要热情接待群众，并根据群众所反映的问题和要求，按照政策和法律的规定，或直接给予解决，或向有关部门或领导反映并争取解决，真正做到让群众带着问题而来，载着满意而归，从而体现党和政府对群众的关怀。

案例 7

如果你被安排到局党委宣传部工作，局党委正准备开展以"全面从严治党"为主题的演讲竞赛活动，决定让你来组织实施这项工作。你准备怎样实施这项活动?

【答题思路】

这是一道负责开展整体活动的试题，面试者可以从计划、实施、总结、汇报等四个方面回答。这四个方面是开展整体活动的流程，实际工作也是按照这个流程开展的。

【评分参考】

如果组织决定由我来组织这次活动，我要向领导请示，进一步明确领导的意图和具体要求，然后按照如下步骤开展这一工作。

(1) 根据领导的要求，制定演讲竞赛活动方案。活动方案包括演讲竞赛活动的意义，演讲竞赛活动的主题，演讲竞赛活动参赛对象的条件，演讲竞赛活动评委的聘请，演讲竞赛的规则，演讲竞赛活动奖项的设置及奖品，演讲竞赛活动的时间地点，演讲竞赛活动的组织机构，演讲竞赛活动的经费预算。活动方案做好后，报领导审批。

(2) 根据演讲竞赛活动方案，开展演讲活动。首先，做好演讲竞赛前期的准备工作。成立演讲竞赛工作小组，召开工作小组成员会议，明确分工；拟定演讲竞赛通知，下发到各个党支部并挂到单位网站上；聘请评委，召开评委会议，制定具体的演讲竞赛规则；接受演讲对象报名，编制演讲程序；做好演讲竞赛相关物资准备工作，如录音录像设备等，布置好演讲场地。其次，开展演讲活动。在规定的时间地点，组织演讲参赛人员和评委开展演讲活动，组织好观众。组织评委评定参赛者的分数，评定名次；请评委代表对演讲进行点评。最后，举行颁奖仪式，由单位领导给演讲优胜者颁奖。

(3) 回顾演讲活动开展情况，撰写总结材料。召开演讲竞赛工作小组成员会议，回顾演讲竞赛活动的开展情况，分析所取得的成绩和存在的问题，然后撰写成一份总结材料。

(4) 向领导汇报，递交总结材料。如实地向领导汇报这次演讲竞赛活动所取得的成绩及存在的问题，将总结材料递交给领导，请领导批评指正。

案例 8

某机关新录用了一批公务员，根据规定，凡新录用的公务员都要进行岗前培训，领导准备让你负责这一工作。你打算怎样做好这个工作？

【答题思路】

面试者回答这个问题可以从四个方面进行：第一，根据领导的要求制订具体培训计划；第二，按照培训计划开展培训工作；第三，对培训活动进行总结；第四，向领导汇报。

【评分参考】

如果组织上让我做这一工作，我准备这样开展这项工作。

第一，明确领导的要求，制订培训计划。培训计划包括培训的目的和意义、培训的具体内容、培训的方式、培训的时间和地点、培训的师资、培训的教材、考核的方法、培训的组织机构、培训的经费预算等。培训计划制订好后，报领导审批。

第二，按照培训计划，开展培训工作。① 做好培训前的准备工作，保证培训如期进行。按照培训计划，召开培训工作人员会议，明确分工；拟制通知并发到学员手中;购置教材和教学参考资料;聘请教师并召开教师会议,研究教学内容和教学方法;准备好教室和讨论场地;做好学员的食宿安排,接受学员报到。② 准备工作做好后,开展培训活动。举办开班仪式,请领导做开班动员;组织教师和学生开展课堂教学;组织学生讨论;组织教师对学生进行考核,并评出成绩;评出优秀学员。举行结业仪式,由领导做总结,给所有学员颁发结业证书,给优秀学员颁发荣誉证书。

第三,回顾培训工作情况,撰写总结材料。召开培训工作人员会议,回顾开展培训的情况,分析所取得的成绩和存在的问题,撰写总结材料。

第四,向领导汇报,并递交总结材料。如实地向领导汇报培训工作的成绩和存在的问题,并将总结递交给领导,请领导批评指正。

案例 9

某机关下属单位就一个需要解决的问题向机关领导递交请示文件,领导批示不一,当请示退回办公室时,主任指定由你来处理。你会怎么处理?

【答题思路】

这个问题涉及保密和协调的问题,如果处理不好就会影响领导之间的关系。因此面试者在回答这个问题的时候,既要考虑到不能扩散影响,又要考虑到如何解决问题。

【评分参考】

主任指定我处理这件事情,我准备采取如下办法处理。

第一,严格保守秘密。不对任何人泄露文件批示内容,防止将领导的意见扩散,以免造成不良影响,给领导带来被误解的麻烦。

第二,提出具体建议。我要仔细研究请示的内容和领导的批示,在此基础按照政策提出具体的建议,然后报主管领导做出批复。

第三,了解情况。了解该请示文件到多位领导手中批示不一的原因,以便总结经验教训,防止类似事情的发生。

案例 10

某单位两个科室之间存在矛盾,工作互相推诿,有时甚至互相拆台。如果领导派你去协调这两个科室之间的关系,你怎么去做?

【答题思路】

这是一道难度较大的问题，一般人会认为，我又不是领导，怎么能去协调两个科室之间的关系呢？千万不要这样认为，如果这样认为，这个问题就无法回答了。面试者一定要认为，这是领导交代的工作任务，是代表领导去协调问题的。只有将自己这样定位，这个问题才会不难回答。

【评分参考】

领导派我去协调这两个科室之间的关系，我将采取如下做法。

第一，调查了解情况。先找两个科室的正、副科长了解情况，然后分别找两个科室的群众了解情况。

第二，分析矛盾的原因。在调查了解情况的基础上，认真分析两个科室发生矛盾的原因。

第三，根据原因分别做出处理。如果是一个科室的问题，那么找这个科室的领导沟通，指出他们行为的不当之处，希望他们改正问题。如果两个科室都有问题，首先分别找两个科室的领导指出他们各自的问题，使他们认识矛盾给单位带来的不利因素和给他们自己带来的不利因素；然后召开两个科室联合会议，指出两个科室的问题，并提出整改措施。

我相信只要认真调查，分析原因，并根据原因采取相应的措施，就一定能够解决两个科室的矛盾，促进整个单位的团结和发展。

案例 11

如果你在某机关办公室工作，一天，你接到了上级机关的一个电话，通知你们单位派一个人参加一个非常重要的会议。请问，你在电话中应该问清哪些问题？你怎样处理这个电话？

【答题思路】

这既是一个常识性的问题，也是一个反映面试者处理问题能力的问题。要回答这个问题，首先必须明确会议通知通常所包括的内容，同时也要明确处理电话的方法。接听电话者决不能将电话直接通知参会者本人。

【评分参考】

我在办公室工作接到这个电话时应做到以下两点。

第一，我将问清如下问题：问清楚来电话单位的名称，来电话者的姓名和电话号码；问清楚参加重要会议的对象，即参加会议的人员；问清楚会议的内容及主题，报到的时间和地点，会议的期限；问清楚是否需要携带材料，带什么材料，有什么具体的要求；问清楚会议的收费情况；问清楚会议的联系人和联系电话等事项。

第二，把问清楚的情况详细做好记录，然后向办公室主任汇报。如果办公室主任指示要我通知参加会议的人员，我再及时通知参加会议的人员。

案例 12

如果要你负责一个由本单位干部和外单位干部参加的座谈会，你打算怎样开好座谈会？如果座谈会出现了冷场的现象，你怎么办？

【答题思路】

这个问题包括两个方面。第一个方面，这个座谈会是与外单位合办的，因此面试者在回答这个问题时，既要与本单位有关部门协调好关系，也要与外单位协调好关系；既要明确召开座谈会的目的与内容，切实使座谈会做到有的放矢，又要做好召开座谈会的其他准备工作。第二个方面，面试者必须考虑运用切实可行的方法解决座谈会冷场的问题。

【评分参考】

如果我负责这个座谈会，首先向领导请示，弄明白召开这个谈会的目的、内容、要求。在这个基础上同本单位有关部门商量参加座谈会的具体人员，向外单位有关领导汇报召开座谈会的目的和内容，并请他们确定参加座谈会的人员，然后确定座谈会的地点和具体时间。为了开好座谈会，应至少提前三天印发会议通知。将座谈会的议题告知与会人员，使大家提前做好准备，并且有意识地向本单位的一些同志打好招呼，请他们做好重点准备。另外，为了开好座谈会，还要通过有关领导在本单位确定两位同志负责具体的会务工作。

如果会议出现了冷场情况，可以采取如下办法解决：第一，示意本单位事先打过招呼的同志发言。第二，自己发言，将大家已经谈过的问题引向深层次讨论。第三，提出一些社会焦点问题以引起大家发言的兴趣，然后再将大家的发言拉回正题。我想只要采取了以上办法，就一定能够克服座谈会冷场的现象。

案例 13

某局机关有一部分干部工作积极性不高，办事拖拉，工作效率低。请你谈谈应该采取怎样的措施，才能提高这部分干部的工作积极性。

【答题思路】

面试者要回答这个问题，首先要分析这部分干部工作积极性不高的原因，然后针对原因提出具体的措施。只有这样回答问题才会具有针对性。

【评分参考】

我认为解决这部分干部工作积极性不高的问题，应该采取如下具体措施。

第一，调查了解情况，掌握这部分干部工作积极性不高的原因。干部工作积极性不高的原因是多方面的，或者是进取心不强，或者是领导处事不公，或者是有后顾之忧而没有得到解决，或者是领导不力，等等。总之，要充分了解情况，掌握干部的思想动态，然后对症下药。只有切实解决干部思想上的问题，才能有效地提高干部的工作积极性。

第二，建立健全制度，严格按照规章制度办事。机关原有的制度没有执行的应该执行，不够完善的应该完善，没有建立的应该根据实际情况建立，真正做到有制度可循，严格按照规章制度办事。对于那些违反规章制度的行为，要给予必要的处理；对于严格按照规章制度办事的，要给予奖励。应鼓励大家的工作积极性。

第三，树立典型，表彰先进。对于表现好的干部要大力表扬，对事迹特别突出的干部要作为典型宣传。使大家学有榜样、赶有目标，同时年终考核要克服“吃大锅饭”现象。将真正先进的干部评为优秀，从而充分调动他们的工作积极性。

第四，推行领导干部竞争上岗制度，激发干部的工作积极性。单位要拿出一定的岗位让干部竞争，通过竞争提高干部的工作积极性，激发干部队伍的活力。

第五，解决干部的后顾之忧。切实关心干部的生活，对于有困难的干部，组织要帮助解决他们的实际困难，使他们把精力放在工作上。

我相信只要做到以上几点，就一定能够有效提高干部的工作积极性，促使他们不断做出新贡献。

案例 14

你是驻村干部，村里有位老人，老人有六个子女。子女们平时对老人不照顾，但是在老人去世后，为了争夺遗产大打出手。现在领导派你去处理此事，你怎么处理？

【答题思路】

本题主要考查面试者的组织协调与危机应对的综合能力。作为驻村干部，当务之急是化解遗产纠纷的问题，让子女料理好老人的身后事，防止问题进一步恶化。面试者在答题时可依照“稳定局面—沟通协调—解决问题—深化主题”这一思路展开回答。

【评分参考】

首先，联系村干部，请他们立即赶往老人的家中制止纠纷，紧接着，第一时间赶到现场。在赶赴现场的途中，电话联系相关的法务人员，请求他们的协助，

其次，在赶赴现场之后，第一时间和老人的子女进行沟通，了解老人生前是否立有遗嘱以及他们矛盾纠纷的焦点是什么。除此之外，还要了解子女们对于遗产的诉求。在了解清楚这些情况之后，应走访老人周边的群众，了解老人生前的生活状况，子女们是否尽到赡养的义务。走访了解子女的个人情况和家庭情况，如果他们确实有赡养能力，但却未尽到赡养义务的，还可以依法追究其法律责任。

再次，要根据相关法律，尊重老人生前所立遗嘱或者遗言以及调查所了解到的情况，充分考虑各位子女的赡养能力，将老人的遗产按照法定顺序进行分割。

最后，在村里展开赡养义务的相关法律宣传。通过孝文化的传播，形成文明的乡风，对于独居老人，要及时按照相应的政策进行帮扶，从而让整个村能够建立起一种孝老爱老的优良风气。

7

第七章

人际交往能力的评分要点与案例解析

一、人际交往能力类问题的答题技巧

在面试中人际交往能力类问题主要考查面试者是否具备善于处理与领导者之间的关系、善于处理与同事之间的关系、善于处理与群众之间的关系的能力。

公务员的工作涉及面比较广泛，要同各方面的人打交道。因此，公务员的人际交往能力如何，直接关系到工作能否顺利地开展，任务能否如期完成，同时也关系到工作效率和工作质量的高低。正因为如此，人际交往能力是公务员面试的重要内容之一，从公务员面试的问题来看，几乎都有反映人际交往能力方面的问题。公务员的人际交往关系包括公务员上下级之间的关系、公务员平级之间的关系；公务员与群众的关系；公务员与朋友的关系；不同机关单位的公务员之间的关系；等等。

关于矛盾明显题型的面试试题。有一类题型是这样的：给定材料说明了对方与你发生了明显的矛盾，问面试者该怎么处理。针对这类题型一般采取如下方法回答：冷静，不发生冲突；反思原因，根据原因做出不同处理；总结，升华主题。

关于同事升迁、获奖、立功等题型的面试试题。有些人际交往关系题涉及一些同事升迁、立功、获奖，要求面试者回答应该怎么办。有些面试者认为这种题型应该反思自己为什么没有立功、受奖、升迁。这种回答方法不够妥当，针对这类题型一般采取如下方法回答：祝贺；分析对方的优势和自己的不足；学习对方的优势，弥补自己的不足。这样回答，体现答题者心胸开阔、善于学习的状态，更能打动考官，获得好的评价。

关于处理与领导、长辈关系题型的面试试题。这类题型一般是下级与上级或者晚辈与长辈发生某种矛盾，问面试者如何处理。无论面对的是上级还是长辈，面试者都应该以尊重为原则。针对这类题型一般采取如下方法回答：尊重上级、长辈；虚心学习、沟通；力争取得双赢。

关于人际交往求情题型的面试试题。人际交往能力类题型中有一种求情型题，虚拟面试者正在办某个案子，其亲戚、朋友、同学、同事或领导前来求情，要求面试者回答怎样解决。针对这类题型一般采取如下技法回答：坚持原则；说明道理；提出建议。采取这种方法回答，既坚持了原则底线，又不会得罪亲戚朋友等人。

二、案例解析

【命题要点】通过情感、态度、思想、观点的交流，建立良好协作关系的能力。主要考查面试者在实际工作中，与上级领导、同事、下级人员、群众以及与其他单位之间处理人际关系的能力。

【评分等级】人际合作的主动性，对组织中权限的服从性，执行命令的纪律性，人际间的协调性、适应性、灵活性，信息沟通的有效性、及时性。

好：具备主动合作的意识，善于与他人沟通，有很好的沟通办法和技巧，能协调各种关系，考虑问题全面，能抓住问题的关键，措施得力，且表述条理清楚。

中：有合作意识，能够与对方沟通，交往中有一些方法和技巧，办法基本有效，基本上能处理好双方的关系，考虑问题较全面，表述条理基本清楚。

差：无合作意识，不能理解他人，或采取的措施不得力，交往中缺乏方法和技巧，考虑问题不全面，表述条理不清楚。

案例 1

假如你所在的单位两个科室之间存在矛盾，工作互相推诿，有时甚至互相拆台。如果领导派你去协调这两个科室之间的关系，你将如何去做？

【答题思路】

该题主要考查面试者的计划组织协调能力与人际关系处理能力。面试者在回答问题时主要通过情感、态度、思想、观点的交流，建立良好的协作关系，具有与上级领导、同事、下级人员、群众以及与其他单位之间处理人际关系的意识和技巧。本题的答题顺序：了解矛盾状况—剖析根源—找出原因—给出对策建议—总结反思并汇报领导。

【评分参考】

(1) 调查了解这两个科室之间的矛盾状况。通过实地调查走访两个科室的群众与负责人，了解这两个科室之间矛盾的实际状态。

(2) 剖析矛盾产生的根源。在调查了解情况的基础上，认真分析两个科室发生矛盾的原因。

(3) 根据矛盾产生的原因制定相应的处理对策。

(4) 总结反思,汇报领导。

案例 2

一天你刚走出单位的大门,一位同事当着众人的面大骂你,你怎么办?

【答题思路】

这道题应采用矛盾明显题型的回答技巧。这道题属于人际关系交往类题型,给定材料说明了对方与面试者发生了明显的矛盾,问面试者应该怎么处理。针对这类题型一般采取如下方法回答问题:① 冷静,不发生冲突;② 反思原因,根据不同的原因做出不同的处理;③ 总结,升华主题。

【评分参考】

我会采取如下处理方法处理这件事情。

(1) 冷静,不与他发生正面冲突。当同事当着众人的面大骂我时,我会笑笑,然后走开,避免发生冲突。

(2) 反思对方骂我的原因,然后根据原因妥善处理。对同事骂我这件事,我要认真进行反思,反思他骂我的原因,然后根据原因做出处理。① 如果是我做了对不起他的事情,我要向他赔礼道歉。也许在平时我确实做了伤害他的事情而激起了他的愤怒,因此他当众大骂我。针对这一情况,我会主动找他,承认自己的错误,向他赔礼道歉,请求他的谅解,从而消除矛盾。② 如果是发生了某种误解,我会向他解释事情的来龙去脉。在弄清楚事实后,我会向他说明事情的来龙去脉,使他意识到确实是误解了我,从而消除矛盾。③ 如果是他听了别人的挑拨离间,我会向他说明事实的真相。有人为了挑起事端,故意捏造事实挑拨我们两人之间的关系,那么我会向他说明事实的真相,使他明白自己因被挑拨而做出了不恰当的行为,从而化解矛盾。

(3) 总之,面对同事谩骂,我首先会保持冷静,然后反思,根据反思的不同原因,采取不同的方法处理,从而消除矛盾,促进同事间的团结与和谐。

案例 3

你的两个直接上级即正职和副职发生矛盾,你站在哪一边?

【答题思路】

这是一道如何处理领导之间关系的问题。领导与领导发生矛盾，正确的方法是不选边，选择中立，同时也要坚持原则。只有这样回答，才会符合题意的要求。

【评分参考】

对于领导之间的矛盾，我会这样处理：

(1) 了解情况。我要委婉地了解领导发生矛盾的缘由，也就是领导为什么发生了矛盾。

(2) 支持正确的一方。在了解情况的基础上，如果是因为原则问题而发生矛盾，谁对，我就支持谁。如果正职对，我就支持正职，如果副职对，我就支持副职，决不一边倒，或者两面放光。我要保持我自己的独立人格，坚持自己的主见。

(3) 不介入无原则问题和非工作问题。如果领导之间的矛盾是因无原则的问题和非工作问题而起，我决不介入。因为如果这些问题纯属他们私人之间的问题，作为下属是不应该介入的，这也谈不上支持谁的问题。如果介入，就会把问题搞得更糟，最终会造成不良的影响，妨碍单位工作的开展。

案例 4

如果你在工作中取得了很大的成绩，你的同事嫉妒你，并且当着你的面说一些风凉话，你怎么办?

【答题思路】

针对别人的嫉妒和风凉话，面试者一定要有宽容的态度，并采取以和为贵的原则解决，充分显示出自己的大度。

【评分参考】

对于这种情况，我必须坚持以和为贵的处理原则。

第一，采取宽容的态度，避免发生冲突。如果与其计较并针锋相对，那么双方就会发生冲突，从而激化矛盾。所以，一定要采取宽容的态度，不与他计较，避免发生冲突。

第二，主动沟通，虚心听取他的意见。尽管我工作取得了成绩，但也有不足，因此应主动与他沟通，虚心听取他的意见，使他体会到我的诚意，从而逐渐消除不平衡心理。

第三，主动关心他，努力化解矛盾。我要在各个方面主动关心他，尽量使他体会到同志之间的热情和友好，从而使他淡化嫉妒心理。

我相信，只要采取宽容的态度和恰当的方法沟通，就一定能够化解矛盾，从而相互支持，共同为单位的建设做出应有的贡献。

案例 5

在学校，你与同学和老师相处得很好吗？

【答题思路】

这个问题主要考查面试者人际交往的倾向和人际交往的情况。面试者回答这个问题应该从正面回答，好或者比较好、一般。如果在人际交往方面确实存在问题，应从自身找原因，不能指责同学和老师。如果指责同学和老师，就会给考官留下不好的印象，同时从客观上也说明了自己的人际关系不好，人际交往关系不好说明了人际交往能力不强。

【评分参考】

我与同学和老师相处得很和谐，老师和同学都很关心我。去年，我因感冒发烧住进了医院，班上的好多同学都到医院看我，同时也有几个任课老师到医院看我，使我深受感动，感受到了集体的温暖。我出院后，老师和同学主动帮助我补课，使我在住院期间耽误的课程很快就补上了，我再次感受到了同学和老师对我的关怀。我深刻地体会到，在一个集体里，互相关心照顾能给人以鼓舞和力量。

案例 6

如果与你同科室的几个同事性格都比较内向，你怎么与他们相处？

【答题思路】

这道题主要考查面试者与人合作和沟通的能力。面试者回答这个问题，应该抓住怎样与内向性格的人相处这个关键问题来说明自己的合作能力和沟通能力。

【评分参考】

同性格内向的人共事，我认为应该采取如下方法与他们相处。

首先，应充分尊重他们。性格内向的人与性格外向的人相比，他们更注重别人对他们的尊重。因此，凡事应多征求他们的意见，虚心向他们学习，并在条件允许的情况下自己尽量多做一些工作。

其次，多与他们沟通，经常主动与他们交流思想。性格内向的人一般不会主动与别人交流思想，但是别人主动与他们交流思想，一般来说，他们不但不会拒绝，相反还会非常欢迎。

我想，只要充分地尊重他们，同时又不断地与他们交流思想，那么我们的关系会比较和谐，大家会合作得很好。

案例 7

你希望与怎样的领导一块共事？

【答题思路】

这道题主要考查面试者怎样处理与领导的人际关系。与怎样的领导一起工作，任何人都是无法选择的，但是与怎样的领导一起工作，每个人都可以有自己的想法。所以，面试者可以从人际交往的角度谈自己的真实想法。

【评分参考】

说实话，我喜欢与知识和思想水平高、工作能力和责任感强的领导共事。这是因为领导的水平高、能力强，我可以不断地从领导身上汲取知识营养，学习领导的工作方法和经验，从而不断地提高自己的水平和工作能力，使自己适应工作的需要。同时，领导的责任感强，这种强烈的事业心能够给我们鼓舞和力量，不断地推动我们上进。另外，与责任感强的领导共事，作为下属来说，有一种安全感。正是基于上述认识，我喜欢与知识和思想水平高、工作能力和责任感强的领导共事。

案例 8

如果你所在单位的同事的工作都比较饱满，而领导却在很长一段时间内没有给你安排工作，你怎么办？

【答题思路】

针对这个问题，面试者首先应分析领导未给自己安排工作的原因，是因为过去自己对工作讨价还价，领导故意不安排工作；还是因为自己不适应这些工作，领导未安排工作；或者是因为自己与同事没有处理好关系不便安排自己的工作；或是其他的原因领导不安排工作。应在了解情况的基础上，采取主动与领导沟通的方法解决。

【评分参考】

如果其他同事的工作都比较饱满，而唯独我较空闲，没有工作可做，那么我一定要认真地进行反思。

第一，如果是我过去对待领导安排的工作讨价还价，任务完成不好，那么我一定诚恳地向领导检讨自己的错误并向领导保证，以后一定服从安排且会认真完成工作任务。

第二，如果是没有适合我的工作，我请求领导安排我协助其他同事工作。我在工作中向同事学习，逐步提高自己的能力。

第三，如果是因为我没有处理好工作关系，在工作中与同事配合不好，领导没有给我安排工作，那么我向领导检讨我在人际关系方面的不足，并主动与同事沟通。我对过去的失误进行自我批评，保证以后积极配合同事，努力做好工作。

总之，针对这种情况，我一定要冷静分析自己的失误，多找主观原因，不强调客观原因，不埋怨领导，我想领导很快就会给我安排工作的。

案例 9

如果你的同事小周经常在上班时间打电话与别人聊天，严重地影响了你的工作，而且你两人的工作经常由你一个人完成，面对这种情况，你怎么办？

【答题思路】

这道题主要考查面试者处理与同事关系的能力。面对这种同事的行为确实不好处理，因为这种人以自我为中心，大都脸皮较厚。但是，在面试中面试者又必须回答这个问题，怎样回答这个问题呢？面试者可以自己直接解决这个问题，也可以借助领导的力量解决这个问题。不管用怎样的方法解决，都要注意不能将关系弄僵。总之，既要解决问题，又要使双方都很愉快，这才是最佳的境界。

【评分参考】

我会采取如下方法处理与同事小周的问题。

第一，委婉地向他陈述工作纪律。对于同事小周的这种行为，如果不批评他，那么就有失原则；但是直接地批评他，又有可能激起他的反感；如果向领导反映他的行为，又可能引起他的误解。因此，最好的办法是首先委婉地向他陈述工作纪律，然后同他讨论怎样才能创造最佳的办公环境，启发他认识自己的问题。

第二，与他协商分工。与小周沟通，协商分工，我多承担一些工作，让他分担一小部分工作。

第三，建议领导细化工作制度。如果上述方法不能解决问题，则建议领导细化工作制度，在工作制度中明确每个工作人员的职责，规定奖罚措施。

我想，如果将上述方法结合起来，小周将有可能改变自己的不良行为和工作态度，同时也不会影响我们之间的关系。

案例 10

你的朋友是一位报社记者。有一天，你正在工作，你单位的领导出差了，只有你一人在。如果这时你的朋友要你帮助他批改一些文章，但又不会影响你的工作，你怎么办？

【答题思路】

这道题既考查面试者的人际关系处理能力，又考查面试者处理问题的原则性和灵活性等方面的能力，回答这个问题目必须慎重。在领导不在的情况下，在上班时间给朋友干活，从原则上，即从组织纪律方面来说是不可以的；但从人际交往的角度来说，在不影响工作的情况下又未尝不可。面试者如何分情况将这个问题说清楚，是回答好这个问题的关键。

【评分参考】

对于这件事情，我将采取如下方法处理。

第一，工作时间不给朋友批改文章。如果报社的朋友要求我在工作期间给他批改文章,从组织纪律方面来说,哪怕不影响我的工作,在一般情况下,我不应该给他做,即使领导不在,也不能给他做。

第二,下班后加班给朋友批改文章。为了朋友之间的情谊,尽管上班时间不能帮他批改文章,但我可以提出来在下班后抓紧给他批改。

第三,如果报社催得急,我会在上班时间请示领导后给他批改文章。如果他要得非常急,又是涉及报纸及印刷发行的问题,在不影响我的本职工作的情况下,请示领导同意后,立即帮他批改。报纸是舆论宣传工具,具有很强的时效性,一般是不能耽搁的,所以在这种情况下,讲一点灵活性也是应该的。

案例 11

你刚上班,看到两个与你关系不错的同事正在吵架,你如何处理?

【答题思路】

这道题既考查人际关系处理能力,又考查解决问题的能力。对于同事在上班时间吵架,一般来说都是劝解,而劝解往往难以收到较好的效果。因此,面试者对"两个关系不错的同事吵架"这一假定,可以凭着自己在这两个同事间的影响力,采取另外的解决方法。

【评分参考】

我将这样处理同事吵架的问题。

第一,立即制止同事吵架。这两位同事在上班时间吵架,显然违反了纪律的规定。毫无疑义,任何单位职工在上班时间是不允许吵架的,因为职工在上班时间吵架,既影响工作,同时被别人看到也影响单位的集体形象。因此,我们既然都是关系不错的同事,我会毫不客气地指出他们行为的违纪性,并坚决制止他们吵架。

第二,事后沟通。下班后我会找他们沟通,在弄清是非的基础上消除他们之间的误解,解决矛盾,达成新的团结。

案例 12

如果你和小王是单位的同事,小王比较会拍马屁,喜欢在领导面前说你的坏话,而你的工作能力比较强。现在领导交代一个任务给你们做,你会如何做?

【答题思路】

有的人喜欢拍领导的马屁和在领导面前说同事的坏话，这是一种客观现象。与这种人共事确实令人不安，但是同在一个单位工作，碰上这种人也是没有办法回避的。因此，面试者回答这个问题应采取宽容的态度，决不能因为这种人喜欢拍马屁，说同事的坏话而不和他共事。

【评分参考】

我会采取如下方法与小王共同完成领导交给的任务。

第一，征求小王对完成工作任务的建议。我主动找小王，征求他对完成这次工作任务的建议。如果他给出的是正确的建议，表示赞赏，并积极采纳；如果存在问题，与他一起探讨，完善建议，形成共识，为共同完成工作任务打下良好的基础。

第二，沟通思想。在工作之余，主动与他沟通思想，探讨对一些事物的看法。在探讨中，委婉地表明自己对拍马屁和在领导面前说同事坏话现象的看法，使他在讨论中认识自己的失误做法，从而改正不良的行为。

我相信，只要做到了以上两点，不仅能够圆满完成上级交给的工作任务，而且小王也会改变自己一些不妥的做法。

案例 13

如果正当领导准备提拔你时，你的一个同事不服气，在外面散布你的流言，你怎么办?

【答题思路】

这是一道涉及处理与同事之间关系的问题。同事不服气，散布流言，这种行为从人际交往的角度看是错误的，势必影响人际关系；从法律的角度来看也是违法的。但是，面试者针对这一假定的事实，只能采取比较温和的方法处理，不能有过激的言论。

【评分参考】

若同事对领导提拔我不服气，我会这样处理：

首先，我对这种现象持理解的态度。因为大家的上进心都很强，都希望自己得到提拔，但是领导干部的职位数有限，毕竟不能都提拔，更何况自己也有某些方面不如同事的地方。因此，对于这种不服气应该理解。

其次，根据流言的情况采取相应的处理方法。如果流言无伤大雅，那么采取不予理睬的态度；如果流言严重损害了我的人格，那么在充分掌握证据的情况下，先找同事谈。如果他能认识到自己的错误，那么可以谅解；如果他没有认识到自己的错误，那么视情节轻重可以请单位领导处理，也可以通过法律途径解决。

案例 14

你的同事工作能力不如你，工作成绩也比不上你，然而在年终评比中却当上了先进，你将怎样对待这件事？

【答题思路】

这个问题既考查面试者对待荣誉问题的态度，也考查面试者的人际交往关系能力。回答这个问题，面试者应充分显示自己豁达的态度，既不计较“先进”这个荣誉，也不因为评比的不公而导致交际和工作方面的消极。

【评分参考】

我的同事如果工作能力不如我，工作成绩也不如我，然而在年终评比中却评上了先进，我将正确对待这件事情。

第一，正确看待这件事情。先进名额有限，不可能所有的人都能评上，也不可能因一些人认为你比别人强，你就能评上。因此，我会正确看待这件事情，不会因为这个事情而影响自己的情绪和工作。

第二，向同事表示祝贺。对于同事评为先进，我感到由衷的高兴，并表示祝贺。

第三，向同事学习。同事之所以被评为先进，是由于他在各个方面很努力，取得了成绩，才会得到群众和领导的肯定。因此，我要学习他的优点，如工作能力方面的优点、工作态度方面的优点、品德方面的优点、性格方面的优点、学习方面的优点，学习同事的优点来弥补自己的不足。

总之，我会正确对待这件事情，并认真向同事学习，努力工作。我相信总有一天我也能得到领导和同事的认可，并为单位不断做出新的贡献。

案例 15

如果有一个同事因为工作与你产生了较大的分歧，你怎么处理这个问题？

【答题思路】

对于这个问题，面试者要认真地进行分析，应根据分析出的不同情况做出不同的回答。在回答这个问题的时候，面试者应注意原则性和灵活性的结合，在求大同、存小异的原则下处理好分歧问题，不能因为分歧而影响工作和人际关系。

【评分参考】

如果我与同事因工作产生了较大的分歧，我会这样处理：

第一，接受同事正确的意见。如果同事的意见是正确的，那么我应放弃自己的意见，按照同事的意见开展工作。这样无论对工作的开展，还是对自己的发展以及与同事之间的关系都有好处。

第二，放弃自己错误的意见。如果自己的意见不正确，应主动放弃，不要固执己见。固执己见不仅影响工作和人际关系，而且影响自己的发展。

第三，说服同事接受正确的意见。如果我的意见确实正确，而同事一时不能接受，那么我应该以充分的理由和诚恳的态度与同事交流，争取说服同事。

第四，请示领导。如果我们两人都认为自己的意见正确，谁也说服不了谁，那么在这种情况下，应将两种意见上报领导，由领导定夺后执行。

总之，只要有利于工作，谁的意见正确，就按谁的意见办，决不能固执己见、抱残守缺，影响工作和人际关系。

案例 16

如果领导要你将一份急件送到某单位，第二天领导发现他要求送错了单位。领导不但不承担责任，反而批评你马虎大意。在这种情况下，你如何做才能既不影响工作，又不加剧你与领导之间的矛盾？

【答题思路】

这个问题主要考查面试者处理与领导相处时的人际交往能力和应变能

力。针对这种不敢承担责任的领导，面对他不实事求是的批评或者指责，你既不应辩解，更不能直接反驳，否则会给自己带来不利的后果。在这种情况下，无疑只有委婉地为自己辩解。

【评分参考】

针对这种领导的做法，我会这样说："这件事真怪我，领导说完后，我没有问清楚，就匆匆忙忙地把文件送到了那个单位。以后一定要认真注意此类问题，以免给工作造成不良影响。"这样说，既保全了领导的面子，又含蓄地说明了真实的情况。我想聪明的领导是会心中有数的，也会接受这种辩解的。另外，群众听了，也能了解事情的真相。

案例 17

如果你主持一个会议，在讨论某个问题的时候，形成了两种不同的意见。意见对立的双方开始争辩时还比较文明，可是后来竟发展到了恶语相向的境地。你如何处理这种情况？

【答题思路】

这个问题既考查面试者的交往能力，也考查其应变的能力。回答这个问题，面试者应着重谈怎样制止这种不文明的讨论，怎样使讨论既畅所欲言，又做到了文明礼貌，从而显示出自己的人际交往能力和应变能力。

【评分参考】

针对这种情况，我会采取如下做法：

第一，宣布暂停讨论，批评不良行为。指出双方在讨论中出现恶语相向这一情况的不文明性、与干部身份的不相适应性、影响同志之间团结的危害性，使大家从内心认识这种讨论风气的错误性，从而抛弃这种不良的讨论风气。

第二，宣布讨论规则，继续开展讨论。休会后，应重新宣布讨论规则。规定在讨论中做到有次序发言，充分尊重别人的发言，不插话打断别人的发言；对别人发言有不同的意见，可以运用事实进行反驳，但是不能嘲笑讽刺，不能扣帽子，不能无限上纲，要充分做到以理服人。在宣布讨论的规则后，继续进行讨论。

我相信，做了这些工作后，能够有效克服讨论中恶语相向的现象，使讨论正常地进行。

案例 18

对于领导做出的命令或决定，你觉得有问题，并认为自己的方案更好，向领导提出建议后，领导依然要求按照他的决定执行。请问，你应该怎么办？

【答题思路】

权限意识是指为了保证职责的有效履行，任职者必须具备的一种对某事项进行决策、执行的权力及其限度的认识。领导作为决策的制定者，有一定的权威性。面试者在答题时要明确矛盾产生的前提及原因是“你”不认同领导所做的决定，因此在答题时，面试者要围绕这一点展开论述。

服从意识主要是指公务员应当忠于职守，勤勉尽责，服从和执行上级做出的决定和命令。面对“领导依然要求按照他的决定执行”，面试者在答题时应当表明自己对领导有服从意识，尊重领导的决定。表明态度—分析原因—提出对策，面试者在答题时可沿着这样的思路展开。

【评分参考】

好的计划相当于成功了一半。一个方案的出台，要尽可能考虑得全面一点，这样在执行起来的时候才能更加方便。领导提出了一个方案，我觉得有更好的方案，这在工作中是一种比较正常的现象，因为每个人看问题的角度不同，对问题的理解也不一样。

遇到这种情况，首先，我要想清楚我的这个方案是否真的好，领导站得高看得远，在宏观上对一个问题的把握更加全面，看问题更加透彻，对方案的执行情况看得也更远。所以，我要站在一个更高的层次来评估我的方案，同时要注意我的方案的可执行性。

其次，我会找一个合适的时间与部门的其他同事，特别是老同志加强交流，听听他们的意见。在综合考虑的基础上，如果我觉得我的这个方案还是比较好的话，那么我会找一个恰当的时间，把我的这个方案报给领导，并把我认为我的这个方案的好的地方着重提出来供领导参考。当然，最终的方案还是应由领导来定夺的。

我相信，领导会很高兴看到下属向他提建议的。作为一个下属，在工作中，首先要做的是服从领导，如果有不同的意见，也应该负责任地通过合适的方式向领导反映自己的想法，这是构建一个和谐有效团队的基础。

案例 19

你刚进入单位，领导让你作为临时负责人和几位老同事一起完成一项工作任务，但老同事不太配合你的工作，工作处于停滞状态。此时，你该怎么办？

【答题思路】

题目中给面试者设定了双重身份，既是刚进入单位的新人，又是小组工作的临时负责人。因此，面试者在答题时，要明确自己的身份定位，一方面作为刚进入单位的新人，在工作中要时刻保持谦虚谨慎的工作作风，遇到问题时，应先从自身找原因。另一方面，作为临时负责人，应保持良好的工作作风，将工作放在第一位。

同时，面试者在答题时还要注意题干中提到的矛盾点在于"老同事不配合"，而造成的结果就是"工作处于停滞状态"。在解决此问题时，一方面要考虑自己新人的身份，在与老同事沟通的过程中注意言语，体现对老同事的尊重；另一方面也要考虑自己负责人的身份，采取有效措施，将工作恢复正常。

【评分参考】

老同事们资历老，工作经验丰富，面对工作任务有自己的主见和想法是很正常的。我们现在需要共同完成领导安排的工作任务，而且我是工作的负责人，不能因为老同事不配合而让工作一直处于停滞状态，应以大局为重，按照预定的计划来开展工作。

首先，我会反思自己的工作方式和沟通方式。可能是我的工作方式有问题，让老同事们多做了重复性工作，因此他们不配合；也可能是我的沟通方式比较生硬死板，让老同事误以为我对他们不够尊重，进而导致他们不配合。

其次，积极调整工作方式并改善对待老同事的态度。一方面，面对老同事不配合的态度，我不会急躁，毕竟老同事工作经验比我丰富，也许从他们的经验出发更有助于工作任务的完成，我会在工作之余和老同事多沟通，表示自己对他们的信任和敬佩，也希望大家能不遗余力地指点我、配合我共同完成这次工作。另一方面，我会就我之前比较生硬的沟通方式向老同事们致歉，希望他们能够原谅我，我一定会努力改正自己的不足。此外，我还会委婉地表示，此次任务时间比较紧，领导指明工作成果会作为上级视察的汇报项目，希望大家一起提高效率、加快进度。相信老同事们对本职工作和单位形象是非常重视的，一定会配合我的工作。

再次，我会召开工作进度会，提出当前工作中存在的问题，鼓励大家畅所欲言，为我们的工作提出更好的改进建议；说明当前工作的重要性，鼓舞士气，使大家增添信心、提高效率；强调老同事工作经验丰富，表明自己对老同事们的尊重，并且在工作中会多向各位老同事请教学习。

最后，经过持续的沟通和改进，相信老同事们会在工作中发挥所长，我们工作组内的成员也能配合得更好，一起赶上工作进度，圆满完成领导交代的任务。

案例 20

你所负责的项目组内，小张和小李两位同事平时私交甚好，在工作中喜欢搞小团体排挤其他同事。组内的其他成员对两人意见很大，有意地孤立两人。作为小组负责人，你该怎么办？

【答题思路】

面试者在回答本题时，要意识到小张和小李在团队内部搞小团体排挤其他同事的危害，这不利于组内的团结，也不利于项目工作的完成。这是面试者需要在答题时着重解决的问题之一。

此外，作为小组的负责人，面试者不仅要注意组内氛围的建设，还要注意统筹整个项目的进程，要采取积极的措施解决出现的问题，保证项目的顺利进行。

【评分参考】

搞小团体违背了团队精神，影响了大集体的团结，更有可能干扰单位正常的工作秩序。作为小组负责人，面对这种情况，既不能视而不见任其发展，也不能简单地禁止和批评。为了维护整个团队的和谐氛围，同时保证项目的运作顺利，我会通过一系列手段化解这种局面。

首先，我会向单位的其他同事了解情况，积极听取大家的反馈，对情况进行核实，并表示会与小李和小张进行沟通，也希望大家能够宽容地接纳他们。

其次，找小李和小张进行交谈，给予正面的批评和指正。两人私交甚好，走得比较近本是无可厚非的事，但将这种状态带入工作中形成工作中的“小团体”，就是典型的公私不分行为，是事业单位工作人员的大忌；形成“小团体”的同时还排斥其他同事，更加影响了整个团队的团结。作为一个团队，在工作中，我们需要大团队精神，同事之间要多沟通，多交流，心往一处想，劲往一处使，树立大团队意识，摒弃小团体主义。只有这样，才能使团队始终走在行业的前头。我也会将大家对两位的肯定告诉他们，鼓励这两位同事能够走出小圈子，回归大集体，真正融入集体的氛围。

再次，为了避免“头痛医头，脚痛医脚”，我还会采取其他措施，多管齐下。一方面，在今后的工作中，我会在人员安置上，注意把关系密切的员工安置在不同部门和工作环节，防止“小山头”的形成。另一方面，我也会加强单位集体培训，定期组织团体活动，强化团体的凝聚力。

最后，强大的团队需要良好的团队氛围，需要每个团队成员的相互帮助鼓励。作为小组负责人，我会努力营造更好的环境和氛围，培养团队的凝聚力，更好地促进工作业务的开展。

案例 21

新入职的你对工作百倍投入，尽心尽责，但基层民调结果显示群众对你的认可度很低，上级也接到群众对你工作能力和水平质疑的反映。请问，你会如何改变这种局面？

【答题思路】

表明态度：作为公务员，要本着全心全意为人民服务的原则，了解群众诉求，以群众的满意度作为自己工作的标准，要端正态度，心中有人民，把做好群众工作作为一切工作的出发点，切实帮助群众排忧解难。

分析原因：针对本题的情况，要分析问题产生的具体原因，反思自己是否真正做到了热情服务群众、以群众为中心，工作上是否有失误的地方，在帮助群众解决问题的时候，有没有真正了解他们的诉求，倾听他们的呼声。

提出对策：在遇到与群众相关的问题时，要秉持依法行政、兼顾灵活的原则，针对不同问题产生的原因，采取适当的解决措施。本题中面试者要针对自己的问题，说明自己在之后的工作中，应如何做到为群众服务，以人民利益为中心，努力取得群众的认可。

【评分参考】

公职人员应当时刻以群众是否满意作为检验工作水平和工作成绩的重要标准。民调结果显示群众对我的认可度低，对我的工作能力也有质疑，我会采取措施积极应对，尽快扭转这种被动的局面。

在实际工作中，全情投入与尽职尽责是工作者的基本素养，更是新员工应有的表现。虽然工作态度值得肯定，但基层工作直接接触老百姓，不仅需要诚恳的态度，更需要灵活的技巧和丰富的经验。积极的工作态度并没有换取群众的认可，说明我在工作方法上可能存在问题，一方面没有把联系群众放在首位，脱离群众、脱离实际；另一方面，在与群众打交道的过程中没有"说百姓话"，没有放下架子真正融入群众，造成了与群众的隔阂，疏远了彼此距离，使群众对我产生了不信任感。

为此，在后续的工作中我会坚持热心、细心、耐心和诚心的"四心"原则。以热心为群众提供周到服务，保持良好的工作状态；以细心关注群众需求，真正做到站在群众的角度思考问题，解决群众的实际困难；以耐心赢得群众的尊重，在与群众沟通中善于使用群众语言，拉近彼此距离，坚持"宁愿自己磨破嘴，也不让群众跑断腿"的工作理念，把方便留给群众；以诚心换取群众认可，在工作中注重小处细节，把群众的事情当成自己的事情来办，用实际行动让群众看到自己的诚意，全面提升群众认可度，真正成为群众的知心人。

案例 22

你是单位领导，一位朋友的孩子在你单位，朋友让你平时多照顾一下他的孩子，你怎么做？

【答题思路】

表明态度：公务员在从事管理工作中，特别是在做沟通协调工作时，应坚持以人为本、顾全大局、光明磊落、公平公正、实事求是、正面教育、疏导沟通等原则，不能无原则地按照自己的意愿行事，不能无原则、不负责任地评价某些人和某些事。在本题中，一方面要站在朋友的角度去思考问题，理解其想要孩子得到照顾的心情，另一方面要坚持作为领导的原则，可以在合理的范围内，在工作中适当关注朋友的孩子。

灵活处理：以原则性为基础和前提的灵活性，是指针对具体问题进行具体分析，灵活运用合适的沟通方法、协调技巧，当机立断，见机行事，化解矛盾，避免冲突，缓和气氛，激发活力，增进了解，和谐共处。本题中面试者可以在答应朋友请求的同时，多鼓励其孩子，也可以多请其他老同事在工作中指点孩子。

总结升华：对于本题，作为领导，应该严格要求自己的下属，但在内心情感上，也应当让年轻人多历练，希望他早日在以后的工作中做出成绩。

【评分参考】

朋友的孩子来我单位工作，对他来说是一个很好的锻炼机会，也是一个自我提升的过程。我会从内心把朋友的孩子当成自己的亲人，在严格要求他的同时，也会在生活中悉心照顾他，让孩子快速成长起来，适应自己角色的转变。

对于朋友提出要照顾孩子的要求，我能够给予理解。毕竟这是人之常情，但在照顾的尺度上我也会酌情考虑。在不违反原则的情况下，多给孩子一些照顾，但在工作上我依然会坚守原则。每一个来单位工作的新人都需要老同事的指点。在帮助新人不断提升的问题上，我一定不能厚此薄彼。在答应朋友请求的同时，我会在思想上给孩子鼓励，在他需要帮助的地方指点他。同时，在生活中我会给予孩子更多的照顾，让他感受到亲人般的温暖。

作为领导，我必须要严格要求他，但在内心感情上，我希望他能在工作上做出成绩，让他的家人为他感到骄傲和自豪。毕竟年轻人多一些历练，也是一种积累，我相信朋友也希望我这样做。

8

第八章

危机应对能力的评分要点与案例解析

一、危机应对能力类问题的答题技巧

危机应对能力主要是考查面试者这几方面的能力：对考官提出问题的反应是否迅速，回答是否合理；对考官提出的涉及突发事件和意外事件的问题是否能够采取应急措施，处置是否得当。

公务员在工作中难免会遇到一些突发事件。面对这些突发事件，公务员必须采取果断的措施处理，以避免扩大影响，给社会造成不良的后果。因此公务员必须具有较强的应变能力，才能在出现突发事件的时候迅速地做出反应，及时地进行处理，从而有效地解决矛盾，提高工作效率。

面试者在回答这类问题时同样应该掌握一定的答题技巧。对于情况明了的危机应对类试题，在答题时针对突发情况，可以按照有关公认的原则处理；对于突发情况不太明确的危机应对类试题，在答题时针对突发情况，面试者首先可以设定几种情况，然后根据设定的情况分别做出处理。

二、案例解析

【命题要点】对意外事件、突然发生的情况，能迅速地做出反应，寻求合适的方法，使事件得以妥善解决的能力。主要考查面试者在面对突发情况时沉着、灵活、有效地解决问题的能力。

【评分等级】对事物变化反应的敏捷性和情绪稳定性；处理突发事件的理智性，周密性与有效性。

好：反应冷静，自制力强，情绪稳定，思维敏捷，正确对待挫折，抱有积极的生活态度并设法得体地突出自己的优势，变被动为主动。

中：有一定的自我控制情绪的能力，情绪基本稳定，反应较为得体，能较客观地对自己面对的情况做出评估，处事态度也比较积极。

差：情绪紧张，不知所措，语无伦次，缺乏自信，或反应消极、沉默不语，缺乏积极化解危机的意识。

案例 1

你与司机驾车前往外地办一件紧急的事件，中途看到一辆汽车翻到悬崖下面，你怎么办？

【答题思路】

该题主要考查面试者的危机应对能力，要求在回答问题时能遵循危机应对知识点的基本要求，把生命至上作为价值追求，处理好人民群众的关切与日常工作的关系。

【评分参考】

(1) 我会立即停车救人，因为人的生命是宝贵的，事情再紧急，也没有人的生命重要。

(2) 立即拨打电话 110 和 120，请他们前来救援。

(3) 如果能下去，立即与司机下去展开救援。

(4) 如果不能下去，则在原地等待警察和医务人员的到来，并与他们一起参加救援。

(5) 救援任务完成后，前去办理事情，并向有关单位说明情况，相信有关单位会谅解，并会帮助办好事情，从而顺利完成工作任务。

案例 2

假如领导当众批评你，而且批评不符合实际情况。面对这一情况，你将怎样处理？

【答题思路】

回答这个问题要注意考虑领导的威信，不能单纯地从领导的批评不实事求是的角度来思考问题。如果仅从这个角度思考问题，就会导致当面顶牛，双方都会难堪。因此，不妨随机应变，先虚心接受领导的批评，然后再找机会与领导沟通。当然也可以采取委婉的方式为自己辩解，但是千万不能当面把领导的批评驳回。

【评分参考】

如果遇到这种情况，我将这样处理：

(1) 接受批评。领导的批评尽管不符合事实，但为了维护领导的威信，我不辩解，不顶牛，接受批评。

(2) 反思领导批评的原因。领导当众批评我，可能是领导发现了某种现象，没有调查，误认为这种现象是我的过错造成的；也可能是某些同志向领导反映了我的一些不实的情况而激起了领导对我的不满；还有可能确实我也存在某种不足。

（3）与领导沟通。事后如果有机会，一定要找领导沟通，既向领导说明自己可能存在的不足，又向领导说明事实真相。

我相信，只要采取了上述做法，就会使领导知道其批评的不当，从而改变对我的不良看法。

案例 3

如果上级领导要你去做你认为没有必要或者不大妥当的事情，你会怎么办？

【答题思路】

这道题主要是考查面试者的应变能力。面试者在回答这个问题的时候要扣住自己认为没有必要或者不妥当这个关键点来回答。正是自己认为不必要或不妥当，因而不去做自己违心的事情，但同时面对领导的指派，你又不能直接拒绝，无疑这就要看面试者的应变能力了。

【评分参考】

如果领导要我做我认为没有必要或不妥当的事情，我将采取这样的办法处理：

第一，极力推荐其他的同志去做。因为有些同志，只要是领导安排的工作，不管什么工作都会十分乐意去做，这样既给这些同志创造了机会，同时也使自己摆脱了一个难题。

第二，委婉拒绝。推说自己身体不适，不宜去做领导安排的这项工作，如果去做将难以完成任务，因此请求领导谅解。

第三，说明没有必要做或不妥的道理，请求领导放弃做这件事情。运用事实依据，详细地向领导说明做这件事的无效性或者不恰当性，促使领导放弃做这件事情。

我相信，只要采取了以上方法极有可能使自己避免做这件事情了。

案例 4

你是某单位领导，一次你正在做报告，突然听到门外传来“救命！”的声音，你怎么办？

【答题思路】

不难看出，听到呼救的声音，不明确突发情况时，就要假设多种情况，按照假设的情况分别做出处理。这样不但有话可说，而且言之有理。

【评分参考】

如果我是某单位领导，听到救命的声音，我将立即停止报告，到现场查看情况，因为人的生命是第一位的，比什么都重要。到现场后，我会根据不同的情况做出不同的处理。

如果是那个人因为遇到了歹徒而呼喊救命，我要立即制止歹徒的行为，同时拨打 110 报警。

如果那个人因为火灾而呼喊救命，我要立即拨打 119 报警，然后组织单位人员立刻救火、救人。

如果那个人因得了急病而呼喊救命，我会组织在场的人紧急施救，同时拨打 120 请求急救，如果情况允许，立刻让单位派车将其送到就近医院施救。

如果那人掉到坑里或水里呼喊救命，我会立即组织单位人员施救，同时拨打 110 和 120 寻求帮助。

如果那个人是因为无聊而呼喊救命，那么必须严肃地批评他，指出他的行为妨害了正常的办公和居民生活，劝其以后改正。

总之，人的生命是最重要的，一定要停止正在做的报告，前去查看，然后根据具体情况具体处理，充分体现以人为本的精神。

案例 5

假如，一个多年未见的老同学从外地前来看你，你说好到机场去接他，可是临时领导通知你单位有事，而且非你参加不可。你怎么办?

【答题思路】

无疑对于这道危机应对题目，面试者必须以单位的事情为先，服从领导安排。至于事先安排好接同学，可以采取多种办法解决。只有这样回答，才会符合题意的要求。

【评分参考】

我会这样处理这件事情：

第一，首先办理单位的事情。我会服从领导的安排，按照领导的要求办理单位的事情。

第二，请其他人接同学。我接受单位的工作任务后，立刻打电话告知同学，因为单位有事不能前去接他，请他原谅，将安排我的家人或者好朋友去机场接他。

我相信这样做既不会影响单位的工作，也不会影响同学之间的感情。

案例 6

如果领导提出一个新的工作方案，其他同事都表示赞成，而你却觉得这个方案存在着相当大的问题。当你提出问题后，领导没有采纳你的意见。在这种情况下，你将怎么办？

【答题思路】

这个问题要求面试者回答自己认为正确的意见在没被采纳的情况下应该怎么办。这个问题要从不同的角度进行回答。一是要无条件地执行方案；二是自己确实认为有问题，那么继续与领导沟通，若仍无法沟通，可以向上一级领导反映情况，力求通过上级领导来解决这个问题。

【评分参考】

我想我的意见被否决后，我应该这样办：

第一，服从并执行方案。如果领导宣布实施新的方案，那么我作为一名工作人员，毫无疑义，应该坚决地执行，按照新的方案开展工作。

第二，重新审视自己的意见，并根据审视意见的情况做出处理。领导否定我的意见后，我要从不同的角度重新审视自己的意见。如果发现自己的意见确实是错误的，那么无条件地放弃自己的方案；如果认为自己的意见没有错误，甚至有可能因新方案的实施而给单位和国家造成损失，为了避免损失，我要继续找领导交换意见，阐述方案的不足和有可能给单位和国家造成的损失。如果领导在这种情况下仍然不接受我的意见，那么本着对工作负责的精神，我会向单位领导的直接上级反映情况，努力通过上级领导来改变单位领导的做法。

案例 7

如果你在无意中发现，你的领导或者同事在做一件不愿让别人知道的事情，对方也看到你了，你怎么办？

【答题思路】

这个问题主要考查面试者的应变能力。对于面试者来说，首先应该认识到领导或同事在做不愿意让别人看到的事情，这是别人的隐私问题。其次，“不愿意让别人看到的事情”这也是要分情况的。如果是一般的涉及个人隐私的问题，可以不过问，并装作没有看见；如果是做严重的违法乱纪的事情，那么处理的方式自然也就不同了。总之，要根据不同的情况，采取不同的处理方法。只有这样，才能充分展现面试者的应变能力。

【评分参考】

如果我看到了单位领导或者同事在做一件不愿意让别人看到的事情，我将根据不同的情况采取不同的处理办法。

如果他做的是涉及个人隐私的事情，我会迅速离开。发现领导或同事在做一件不涉及违法、违纪而属于个人隐私的事情且当他看见我时，我会装作若无其事的样子微笑一下，然后迅速离开那里，并且将这件事永远地藏在心底，不向任何人透露。

如果他在做一件违纪的事情，则委婉含蓄地提醒。悄悄跟他说，这件事违反了单位纪律的规定，并希望他停止做违纪的事情，维护自己的良好形象。

如果他在做一件违法或犯罪的事情，则立即制止与报案。因为同违法犯罪行为做斗争是公民应尽的义务。不管是什么人，只要他有违法犯罪行为，公民都有权制止并有义务报案。

案例 8

如果你被录用为公务员后，单位发生了一起盗窃案件，公安机关认为你有作案时间，你被列为嫌疑对象。你怎么办？

【答题思路】

这道题考查面试者的情绪稳定性和应变能力，即自我控制能力。面试者在回答这道题的时候，一定要冷静地思考，不能认为自己没有作案，而被列为嫌疑对象就是天大的冤枉。对被列为嫌疑对象要认真对待，要积极配合公安机关的调查，相信公安机关的破案能力。认识到了这些，就能回答好这个问题。

【评分参考】

如果我们单位发生了一起盗窃案件，我因为有作案时间而被列为嫌疑对象，我认为这是非常正常的，因此我会这样处理：

第一，稳定情绪，不急躁。不因自己被列为嫌疑对象而大发雷霆，或者对公安机关的行为表示不理解，抱怨公安机关。

第二，积极配合公安机关调查。公安机关在办理刑事案件的时候，往往是首先根据作案应该具备的条件排查出嫌疑对象，然后在调查的基础上逐一排除。公安机关如果找我询问，我会如实向公安机关陈述在案件发生时间我的活动情况，并积极提供自己没有作案的证据。

第三，向公安机关提供线索。如果发现有关线索，我会积极向公安机关提供，帮助公安机关及时破获案件。

案例 9

一辆满载物资的货车在你担任村干部的村子所在路段翻车了，村民纷纷哄抢物资。你作为村干部怎么办？

【答题思路】

这道题考查面试者的应变能力。面试者作为虚拟身份的村干部，无疑应首先制止哄抢，然后说明道理，从而保证他人或国家的财产不受损害。

【评分参考】

作为村干部，我会这样处理这起哄抢事件：

第一，制止哄抢。我会大声向村民喊话，请他们立即停止哄抢。

第二，说明道理。明确告诉大家，哄抢货物是一种违反《中华人民共和国治安管理处罚法》的行为，视情节可处 5～15 日拘留，可以并处 500 元以下或 1 000 元以下罚款，希望大家不要做违法的事情。

第三，劝说村民归还已经抢到的物资。对已经将所抢物资运送到家里的村民，做好他们的思想工作，将物资归还。

第四，组织村民守护物质。派几个村民配合货主看护物质，保证货主财物尽可能不受损失。

案例 10

如果在你乘坐公共汽车时，碰到有人威胁乘客，向乘客索要钱财，而这时你又手无寸铁，怎么办？

【答题思路】

这个问题主要考查面试者的危机应对能力。对于这种在光天化日之下的公开抢劫行为，只要有人敢于站出来与之斗争，歹徒还是害怕的。无疑面试者在回答这个问题的时候，既要讲斗争，同时又要考虑斗争的策略，这样才能显示出面试者的应变能力。

【评分参考】

如果我在公共汽车上遇到有人威胁乘客、索要钱财，我会根据实际情况与歹徒展开斗争。

第一，歹徒如果只有一个人的话，与歹徒展开积极的斗争。我要大声地喝令歹徒停止抢劫行为，并要求司机将车立即开到附近的派出所，将歹徒交公安机关处理。

第二，如果歹徒有两人或者两人以上的话，报案并发动乘客与歹徒开展斗争。面对这种情况，我在不惊动歹徒的情况下，立即用手机拨打 110 报案，并组织和发动周围的乘客同歹徒展开斗争。只要有几个乘客敢于站出来说话，敢于与歹徒展开斗争，歹徒就有可能终止抢劫犯罪行为。

第三，如果歹徒人多又有凶器，那么记住歹徒特征。在这种情况下，无法及时拨打 110 报案，同时也无法发动乘客同歹徒斗争，那么我要记住歹徒的明显特征，下车后及时向公安机关报案，帮助公安机关及早破获案件。

案例 11

生活充满着幸福和欢乐，但是也难免有不和谐的音符。星期天，你邀请朋友在家里欢聚，正当大家玩得非常开心的时候，突然有一个邻居走到你家里，指责你们欢乐的声音影响了他的生活，顿时你们都非常难堪。面对这种情况，你怎么办？

【答题思路】

这个问题主要考查面试者在面对突发情况时的自我控制能力和人际关系处理能力。面试者在回答这个问题的时候，应从三个方面着手，一是面对突然发生的情况，应检讨聚会欢乐的声音确实给邻居的生活带来了干扰，因此邻居的指责有理；二是应该向邻居道歉；三是还要让聚会继续进行下去。

【评分参考】

面对邻居的指责和朋友们的难堪，我将这样处理：

首先，检讨自己的行为确实有不妥当的地方。只顾自己的欢乐而忽视了邻居的感受，过大的声音的确影响了邻居的正常生活。

其次，诚恳地向邻居表示道歉，并请求邻居的谅解。我们的行为扰乱了邻居的生活，侵犯了邻居的合法权益。因此，一定向邻居表示诚挚的道歉，并请求邻居的谅解。

最后，请求朋友适当降低声音。为了化解朋友们的尴尬，一方面安慰朋友不要介意；另一方面请求朋友注意控制自己的音量。

案例 12

组织上派你到某大型社区慰问下岗工人，准备了 100 份慰问品，结果来了 200 人，你怎么办？

【答题思路】

这是一件比较难办的事情，弄不好可能就会引起下岗工人的意见，同时如果回答得太简单，考官可能会怀疑面试者的思维能力。因此，面试者应该从不同的角度设定情况来回答这个问题。

【评分参考】

遇到这种情况，我会采取以下方法处理。

第一，立即打电话到单位。立即打电话找单位有关部门负责人，看是否还有同样的慰问品。如果有同样的慰问品，请他们立即运送 100 份到现场。

第二，到社区附近超市购买。如果单位没有现成的慰问品，立即到社区附近的超市看看是否有同样或类似的产品。如果有同样或类似的产品，立即请示单位领导购买 100 份。

第三，看看能否把慰问品拆分。如果附近超市没有类似的慰问品，看看能否拆分现有的慰问品。如果能够拆分，那么将一份拆分为两份来解决眼前的问题。

第四，先发放 100 份，其余的则约定时间发放。跟群众说清楚，由于准备不充分，慰问品不足，这次按先来后到发放一部分，其余做好登记，按约定时间来领取，并请求群众谅解。

案例 13

如果你是一个单位的负责人，在一次会议上，你的下属突然公开顶撞你，使你很难堪，你将怎么办?

【答题思路】

对一些领导者来说，面对下属的顶撞，会有点措手不及，因此应该善于应变。一些领导认为有失自己的体面，因而恼羞成怒，大发雷霆；有些则认为无伤大雅，顶撞就顶撞，没有什么了不起，不必大惊小怪，更没有必要恼羞成怒。面试者应根据第二种思考，做出令考官满意的回答。

【评分参考】

我想，如果我作为一个单位的负责人被下属在大会上公开顶撞，我会采取如下办法处理：

第一，沉着，冷静。对于下属的顶撞，当作一件平常事，不发怒，不指责，不给下属难堪。

第二，对下属顶撞的内容视情况处理，如果不涉及原则问题，则不予理会；如果涉及原则问题，当众做出有说服力的解释，使大家清楚事情的原委；如果涉及自己的错误，则在会上公开检讨自己的失误，显示出作为领导的大度和风格。

第三，与下属沟通。会后利用适当的时间与下属沟通，鼓励下属多提意见，同时也使其消除担心领导报复的顾虑。

案例 14

如果你的领导指派你同他一起参加一个会议，并告诉你他准备在大会上发言，可是在大会开始前半小时他突然病倒不能出席会议。你如何处理此事?

【答题思路】

这道题主要考查面试者的应变能力。在回答这个问题的时候，面试者可以从不同的角度提出不同的解决问题的方案。要力避方案的单一性，如果只有一个方案，那么考官就会认为面试者的应变能力不强。因此，不妨认真思考，多提出几个方案，要充分体现自己的应变能力。

【评分参考】

如果领导因病不能出席这个会议，我将这样处理：

(1) 请示领导，另派其他领导参加。如果领导同意，我立刻告诉领导指派另外的领导参加会议，并将参会人员的变动情况及时通知大会秘书处。如果其他领导也不能参加，请示领导是否派部门领导参加会议并发言。如果领导同意，同样立即通知部门领导，并通知大会秘书处。

(2) 请示领导，自己代替领导发言。考虑到各位领导工作很忙，我干脆向领导提议，我一个人出席会议，并代替领导发言，散会后详细向领导汇报会议情况。如果领导同意，立即通知大会秘书处；如果领导不同意，则取消大会发言，同样立即通知大会秘书处。

9

第九章

情绪控制能力的评分要点与案例解析

一、情绪控制能力类问题的答题技巧

情绪控制能力类问题主要考查面试者在遇到误解、批评时，是否具备控制自己的情绪，不致因情绪的波动而影响自己的本职工作的能力。

对于公务员来说，情绪控制能力是极其重要的。公务员在日常工作中常常会遇到一些预料不到的事，会遇到各种挫折，受到各种委屈。如果公务员没有较好的情绪控制能力，面对突发情况往往会手忙脚乱，不知如何处理；面对挫折便会垂头丧气，遭受委屈便会怨天尤人，使工作不能很好地开展。在公务员结构化面试中，情绪控制能力与危机应对能力这两种能力有时各自单独进行测试，有时则糅合在一起进行测试。无论采取什么方式，这两种能力都是必考的能力。

面试者在面对情绪控制能力类试题时，应做到以下几点：第一，善于控制自己的情绪。面对突发情况和压力，情绪稳定，表情自然，不手忙脚乱。第二，善于控制自己的行为。在不同的场合、不同的情况下，能保持始终如一，举止有度。第三，善于解决问题。面对突发情况，能迅速找到解决办法，思维反应灵敏、积极，敏锐把握事件的潜在影响，考虑周到细致，方法合理有效。

二、案例解析

【命题要点】在受到较强刺激或处于不利情景中，保持情绪稳定，约束自己行为反应的能力强。主要考查面试者在遇到挫折、受到不公正的批评指责、面对巨大的工作生活压力、个人利益被冲击的情景下，克制不满急躁情绪，客观地面对各种情形，理性地去思考、解决问题。

【评分等级】在较强刺激情景中，表情和语言自然；在受到有意挑衅甚至羞辱的场合下，能够保持冷静；为了长远或更高目标，约束自己当前的欲望。

好：反应冷静，自制力强，情绪稳定，思维敏捷，客观评估自己，正确对待挫折，抱有积极的生活态度。并设法得体地突出自己的优势，变被动为主动。

中：有一定的控制自我情绪的能力，情绪基本稳定，反应较为得体，能较客观地对自己的情况做出解释，处事态度也比较积极。

差：情绪紧张，不知所措，语无伦次，缺乏自信，或反应消极、沉默不语，缺乏积极化解的意识。

案例 1

如果在一次学习讨论会上，有位同事对你的发言很不满意，认为有错误的观点，并当众严厉地批评了你，你怎么办?

【答题思路】

这道题主要考查面试者自我情绪控制能力。面对突然的批评应该怎么办？一般来说，人们对于领导的批评是容易接受的，即使心里不接受，但大都不会顶撞。而对于来自同事或群众的批评，可能就不一样了，一般先是情绪上的激动，接着可能就是激烈的争吵。因此，面试者在回答这道题的时候，要注意从同事批评的合理性上做文章，接受或者委婉地反批评。

【评分参考】

如果同事对我的发言很不满意，并当众批评我的发言有错误的观点，我会这样处理：

首先，充分肯定同事敢于批评的精神。对同事的批评不恼怒，不针锋相对，而是充分肯定同事的直率表现和敢于批评的精神。

其次，反思自己的观点，并根据反思直面同事的批评。我对自己的观点进行认真的反思，看是否符合政策法律的精神，是否符合科学规律，是否符合逻辑。

如果我的观点不符合政策法律精神，不符合科学规律，不符合逻辑，这说明我的知识存在缺陷，那么我虚心接受同事的批评，检查自己的失误，并表示向同事学习。

如果我的观点有部分错误，那么承认部分错误，对同事的批评表示感谢。

如果我的观点符合政策法律精神，符合科学规律，符合逻辑，我要再次表明自己的观点，并且心平气和地说明同事批评中的不足。

最后，会后沟通。不管我的观点是否有错，会后都要找适当的时间与同事沟通，讨论有关问题，共同进步。

案例 2

你和同单位一起参加工作的小章在去年同时竞争科长职务，结果你被淘汰，小章担任科长未满一年又被上级部门调走。在你之后进单位的小吴昨天调入顶替小章的岗位。对于被大家公认业务能力很强的你来说，面对这种情况应该如何处理呢?

【答题思路】

(1) 沉着冷静,肯定领导的决策正确。

(2) 反思自己的不足。

(3) 继续努力工作。

(4) 与领导沟通。

【评分参考】

(1) 首先我要肯定领导决策的正确。公务员的考核与提拔要从德、能、勤、绩、廉几方面来综合考察。三人行,必有我师。我的业务能力虽然被公认很强,但小章、小吴在其他方面一定有超过我的地方,或许品行更高尚,或许工作更勤奋,或许业绩更突出。我应该向他们学习。

(2) 反思自己为什么不被提拔的原因。是领导能力不强?群众关系不好?组织纪律性不强?要找出自身差距,制定自己今后的努力方向。

(3) 继续努力工作。要继续做好自己的本职工作,协助小吴把科里的工作做好,不能自暴自弃、怨天尤人,相信是金子总会发光的。

(4) 与领导沟通。向领导汇报自己的工作情况,听取领导对自己的评价和要求。

案例 3

从学历、经历、业绩来看,你与报考岗位需要的条件相比,看不出有什么优势,我们凭什么录用你?

【答题思路】

(1) 肯定考官的说法,承认自己没有优势。

(2) 强调符合报考条件。

(3) 介绍自己过去取得的成绩。

(4) 明确对报考岗位的向往。

【评分参考】

(1) 从学历、经历、业绩来看,我确实没有优势可言,诸位考官没有什么要特别录用我的理由。

(2) 我的学历和报考岗位的要求相一致,虽然学习成绩在校期间一直领先，发表过几篇论文，但没有其他特别的业绩表现。在校期间作为学生党支部书记组织了几次活动，但明显缺乏社会工作经验。

(3) 我从小学到大学，无论做什么，都会全身心地投入，都能将它做得很好。就拿考大学来说，我所在的大学是全国名牌大学；我写的论文，发表在核心期刊上；我参加的奥林匹克化学竞赛，获得了全国二等奖。作为院排球队的队员，获得过全校的冠军，我所在的学生党支部，被评选为校优秀党支部。

(4) 这次报考公务员是经过深思熟虑的，也是我梦寐以求的，诸位考官如能给我这次机会，我相信我一定还您一个惊喜！

案例 4

最后，我们有个问题想和你核实一下，在面试前我们接到了一个举报，说你面试前到处找人，希望在面试中给予关照。请你说说这是怎么回事？

【答题思路】

这道题侧重考查面试者的自我情绪控制能力，考查面试者在较强刺激情境中，面对不利情形以及负面评价时所表现出的情绪稳定性；考查面试者能否保持冷静的头脑，做出正确的判断和评价等。

【评分参考】

(1) 实事求是地说，我在面试前的确找了不少人，但我找人的目的不是在面试中给予关照，而是在参加面试前给我一点经验指点，甚至有益的培训辅导。比如，我找了我的邻居小张，他去年参加中央某部公务员面试得了第一，我从他们那儿了解了面试程序、面试应注意的事项、面试礼仪等知识。此外，我还找了一位曾经的面试考官并系统地接受了他的公务员面试培训与辅导。正是因为我精心准备，到处找人，所以我才能在今天如此自信地、胸有成竹地接受各位考官的检验。

(2) 如果有人企图找关系，想在面试中得到关照，我认为这是错误的，也是不可能达到目的的。我们不仅有着一套严密的、科学的、公开透明的公务员考录程序来规范制约整个面试过程，而且有着一支素质极高、能力极强、愿意无私奉献的面试考官队伍。他们以自己高尚的情操、无私的奉献、辛勤的劳动守护着公务员考录这一方净土。

（3）我一向的做人原则不容我做出那种见不得阳光的事。这么多年来，我一直认为，做人要忠、做事要勤、处世要真。对祖国和人民忠心，对党和组织忠诚，对家人和朋友忠贞；在做事上，工作勤勤恳恳，不讲条件，不讲待遇，不提要求；在处世上真诚待人，真心接物，说真话，做真事。正因为我一直恪守这样的原则和底线，所以在对待考公务员这样严肃和神圣的事情上，我更不可能也不会采取拉关系等手段获取关照。

案例 5

你对我们这些考官有何评价？

【答题思路】

教官通过对面试者提出一个带有危险性、难以回答的问题，来考查面试者处理棘手问题时的情绪控制能力。

【评分等级】

好：情绪镇定，巧妙地回避焦点性问题，反应自然合理、语言幽默。

中：情绪基本稳定，但语言空洞乏味。

差：情绪很紧张，语无伦次，做出单一的是与非的判断。

案例 6

经过刚才的面试，我们认为你的表现不是很理想。不太适合你所报考的岗位要求。如果你有不同的看法，请你谈一谈。

【答题思路】

该题主要考查面试者自我情绪控制的能力，考查面试者在较强刺激情境中能否保持冷静的头脑和自信心并做出积极的反应，做出正确的判断和评价等。

【评分等级】

好：情绪稳定，反应敏捷，对自己有正确的评价，并能够突出自己的优势，变被动为主动。

中：情绪较为稳定，可以较好地从容应答，但带有受挫感。

差：情绪不稳定，或者消极应答，或者基于解释，逻辑思路混乱。

案例7

我们这次面试主要是想具体深入地了解你各方面的情况，就你以上所回答的内容而言，答案不正确吧？

【答题思路】

这道题设计了一个面试者被误会曲解的情况，考查面试者在面对否定时如何控制自我，进行说服解释的能力。

【评分等级】

好：镇定自若，能客观冷静地分析自己的优点与缺点；从容地回答问题，能消除考官对自身的怀疑。

中：神情有些紧张，但基本能组织语言为自己澄清，基本能说服考官。

差：非常紧张，虽然极力辩解却又没有说服力，或者违背了事实，向考官承认自己实干精神差，说一些今后一定努力改正等自我否定的话语。

案例8

在你报名之后，我们曾经从侧面对你的情况进行了了解。有人反映你的道德品质有问题，曾经在考试中有作弊行为，只不过未被当场发现而已。对此，你怎么看？

【答题思路】

这道题给面试者设立了一个压力模拟情景，使面试者感到愤怒，受到侮辱，想考查面试者如何应付这类刺激性较强使人抑郁、产生情绪反应的局面，如何应对与己不利的谣言，等等。

【评分等级】

好：镇静自若，情绪稳定，能冷静地分析所面临的问题与情况，向考官澄清事实。

中：情绪稍微有所波动，而后能够控制住，稳定下来，能尽力向考官解释清楚。

差：情绪激动，极力否认、争辩等，思维混乱。

案例 9

我们必须慎重考虑是否录用你的问题，因为我们感到你对这一职位缺乏足够的诚意，听说你已经同时应聘了好几份工作。对此，请你谈谈个人的意见。

【答题思路】

本题所设计的是一个虚拟情景，目的是考查面试者在处理有关自身不利甚至诽谤性事件时，自我控制、冷静分析处理的能力。

【评分等级】

好：情绪稳定，冷静地分析问题，做出解答，能化解不利情境为有利情境。

中：有情绪化的表现，而后能控制住，做出较为合理的回答。

差：情绪激动，极力辩解，语无伦次。

案例 10

我们看过你的有关文字材料。根据材料中所描述的情况，当时我们认为你的条件很不错。可是从今天面试的情形来看，你的表现并不出众，远没有材料上描述得那么好。我们听说在高校中有这样一种情况，只要和班主任或辅导员的关系好，一般毕业鉴定都会被写得很好，你是否也属于这种情况呢？

【答题思路】

本题通过设立一个压力情境，考查应试者在处理压力、不利情形以及负面评价时所表现出的情绪稳定性。

【评分等级】

好：情绪平稳，能客观正确地评价自己，既有自信，又不过分提高自己，且对考官的发问能做出较从容与合理的解释。

中：情绪略有些紧张，对考官的提问尚能做出合理的解答。

差：情绪很紧张，语无伦次，回答没有条理。

案例 11

有一天你的一个朋友打来电话，说有事要见你的直接领导，请你帮他约定会面时间，但你知道这个朋友并不是你的领导所乐意见到的人。在这种情况下，你如何处理？追问：对于你的回答，我们认为很不理想，你还有没有更好的办法？

【答题思路】

本题是一道考查面试者人际关系协调能力与自我情绪控制能力的综合试题，通过情境设置，考查面试者在处理人际关系以及面对不利情形的压力下所表现出的情绪稳定性、人际关系沟通协调的技能。

【评分参考】

(1) 我会告诉我的朋友，我可以帮他约定时间，但领导近段时间工作很忙，不一定有时间见面。

(2) 我会征求我朋友的意见，是否有重要事情需要转告，如果有重要事情可以让我转达的话我可以替他转达，如果不方便让我替他转达的话我会建议他写成书面文字，我愿意替他送达。

(3) 关于我的上述回答，我认为是出自我的内心，是我的人生观、世界观以及平时的工作阅历的记录和反映，也许对于这道题有更好的回答，但我认为，真实才是最美的。我相信，不管处理何种事情，只要我坚持公务员应有的办事原则，本着从良好的愿望出发，真诚待人，宽容待人，我就会赢得尊重和理解。再次谢谢各位考官！

案例 12

有人反应，你不善于同他人协调、和睦相处，对此你怎么看？

【答题思路】

对于政府机关工作人员而言，能够具备与人"协调"行动能力的人是最好的选择，过于孤僻、不能做到丝毫容忍和妥协的人，在未来的工作中有妨碍他人和事业的可能。"协调性"并不仅仅意味着"合群"，而是要求在注意集体动向的基础上，发表自己的意见，并尽可能使个人的意见和其后的行为同集体一致。也只有这样，才能做到与人"和睦"相处。

【评分参考】

我感觉自己在这方面做起来没有困难。在学校时，班里举办的各种活动以及学校课余俱乐部的活动，我都很热情地参加，并且能适应这种集体活动的氛围。"贵在人和"，这是我的处世哲学。不过有时我过于在乎周围人的反应和议论，常常因为别人的态度而左右自己的情绪，故在行动上谨小慎微，左顾右盼，这是我今后应该注意的。

对于“协调性”问题，我曾多方注意，但做得不尽如人意。这主要是因为我不大喜欢“合群”，更乐于独居一处。如果把“合群”作为协调性的标准，我是比较欠缺的，但我能够做到使个人行动服从集体行动，从这个意义上做到与周围人的“协调一致”。

10

第十章

其他类型面试题的案例解析

一、情景模拟面试题的答题技巧与案例解析

处理有关问题方面的情景模拟题答题技巧：情、理、法有机结合，维护民众利益和法律尊严。情景模拟题中往往会涉及因民众利益而产生的需要解决的矛盾问题。在回答这类问题时必须从实际出发，既要考虑民众的利益，又要顾及法律的尊严；既要想到人民群众的切身利益，又不能违反政策和法律的规定。要达到这一目的，就必须做到情、理、法的有机结合，也就是说回答问题时既要充满对民众的感情，又要运用政策和法律讲明道理，从而在考官的头脑中留下深刻、良好的印象，达到理想的面试效果。

案例 1

当地两村村民因山林问题发生纠纷，领导让你马上赶赴现场，请你现场模拟如何做说服工作。

【答题思路】

不难看出，此题的答案分五个层次：第一个层次介绍自我及处理纠纷的目的，第二个层次从情理上说明应该怎样处理这个纠纷，第三个层次从法律上说明应该怎样处理这个问题，第四个层次表达县政府领导对群众的理解关怀之情，第五个层次提出初步解决问题的建议。整个回答结合特定的环境，情、理、法有机结合在一起，具有很强的说服力，容易达到题目设定的预期目标。

【评分参考】

乡亲们，请大家安静！我是县政府的小张，是县政府派来了解情况和解决问题的。县政府领导知道了我们因为山林归属问题产生了纠纷，非常重视，特地派我来帮助大家一起解决这个问题。

乡亲们，我们一定要冷静地、理智地处理这个问题。我们都是邻居，经常相见，有些甚至还是亲戚。大家一起聚在这里争执不休，不但伤了和气，而且也解决不了问题。所以大家还是互相宽容一点，平心静气地解决这个问题，大家低头不见抬头见，冤家宜解不宜结，我们都明白这个道理。因此，我们有事好好商量。只要大家好好商量，没有什么解决不了的问题。

乡亲们，我想大家都清楚，国家对山林问题有明确的法律规定。我们解决问题也都得讲政策，讲法律，讲道理。现场的各位乡亲都是遵守法律的人，都是识大体、顾大局、讲道理的人，因此，我相信大家一定会心平气和、积极配合我们依法解决这个问题。

乡亲们的心情我非常理解，大家的困难，县政府的领导都是清楚的，县政府派我来的目的就是帮助大家解决困难和矛盾的。因此，先请大家把情况说清楚，才能解决问题。我可以向乡亲们保证，只要不违反政策，大家关心的问题我一定尽快给大家一个满意的答复，一定维护好大家的合法利益。

为了把情况弄清楚，我建议大家让两村党支部书记、村委会主任和三位村民代表跟我们到县政府去解决这个问题。县里也有当时的土地资料，村干部和村民代表可以去看看，这也有利于处理好这个问题，现在请各村选出三个村民代表，然后我们一块去县政府，其他的乡亲在家等候消息。

谢谢各位乡亲对我们工作的配合和支持！

案例 2

寒冷的冬天即将到来，某地养老院为了解决老人的过冬问题，需要购置一批空调，但是经费上存在 20 万元的缺口，需要某地组织一位总经理给予赞助。假设你是某地养老院负责人，考官是某地组织的总经理，请模拟请求总经理的赞助。

【答题思路】

不难看出，下面这位面试者首先以虚拟的身份介绍了需要总经理赞助的情况，接着实事求是地赞扬了总经理乐于助人的品德，然后向总经理表示敬意和感谢，完全符合该情景模拟题的要求。

祈求帮助题一般是指请求有关人士对遇到灾害地区人民群众的募捐或者帮助有困难的群体解决困难。这类题型要求面试者设法让有关人士伸出援手，募捐款项。对这种模拟情景题的答题技巧是，面试者要根据给定的信息如实说明需要帮助者的情况，赞扬热心人士的高尚道德。这样既能让赞助者清楚需要被赞助对象的有关情况，又能使他们产生赞助的愿望，慷慨解囊。

【评分参考】

尊敬的总经理：您好，我是本地××养老院的负责人，今天有一件事恳请得到您的帮助。

我院现有老人120人，由于养老院成立的时间不长，家底很薄，一些设施尚未购置。寒冷的冬天即将到来，为了让老年人健康地度过寒冷的冬天，我院准备购置一批空调，共需资金60万元，我们已经筹集了40万元，尚差20万元。

您是我们地区德高望重的企业家，不但企业办得很好，解决了我地一部分人的就业问题，而且为我地的经济发展做出了积极的贡献。同时，您热心参与慈善事业，每当别的地方发生灾害的时候，您都慷慨解囊，给予无私的援助。本地不少的困难人士得到过您经济上的帮助，您热心助人的美好品德在社会上广为流传。

我相信您一定能够给予我院无私的赞助，使我院老人顺利度过寒冷的冬天。我对您的无私赞助表示崇高的敬意，并代表我院所有老人对您表示衷心的感谢(鞠躬)！

案例3

你的同事李大明去年筹备处里的联欢会，地点选择上有失误，今年领导让你负责，李大明做你的助手，但他不配合你的工作。假如我是李大明，你准备怎么跟我说？请模拟一下。

【答题思路】

这是一道关于人际关系的情景模拟题。在回答这道题时，要根据李大明不配合的原因，即去年的失误在心中留下的阴影，给予适当的安慰，同时要对他表示信任和关心。只有这样，才会消除他的抵触心理，从而积极地配合你的工作。

【评分参考】

李大明，处里安排我俩共同筹备联欢会，这是对我们的信任。但是我感觉你的状态没有去年组织筹备的时候好。是不是去年选择地点的失误在你心里留下了不愉快？去年的事过去就过去了，不要再把它放在心上了。我们又不是圣人，谁工作中不会出现失误，我自己在以前的工作中也出现过一些失误。再说了，即便是领导也有失误的时候，因此领导和同事们会理解你的。

我们一定要从失误的阴影中走出来，不能一遇到挫折，就影响自己的情绪，进而影响自己的工作，这不但不能改变自己的心境和环境，可能还会给自己带来更不利的因素。

这次处里联欢会筹备工作的好坏，取决于我们两人的合作。我们两人合作得好，就会筹备得好；我们两人合作得不好，就会筹备不好。如果筹备得不好，我们两人都会被人笑话。去年你已经积累了一定的经验，因此有你的积极配合，我们就一定能够筹备好这次联欢会，我打算让你单独负责一部分工作，我相信我们一定能相互信任、相互支持、愉快合作，圆满地完成这次筹备工作。

案例 4

某乡镇因建设需要拆迁一部分民房，已提供了临时住房，绝大部分居民已经搬迁，但是一位老人不愿意搬迁。假设我就是那位老人，请你现场模拟如何说服老人现场搬迁。

【答题思路】

这道情景模拟题是要说服老人搬迁，确实有一定的难度。因此面试者在模拟中一定要抓住搬迁对老人的好处这一主旨展开劝说工作。只有这样，才会使老人明白搬迁的意义，从而改变不愿搬迁的行为。

【评分参考】

老人家，您好！我是镇政府的工作人员，今天特地来与您老人家谈谈搬迁问题。

你老人家在这里住了几十年，对自己的住房有了很深的感情，因而不想离开这里，我们对您的这种想法非常理解。如果是我的话，也会有您的这种想法。这里也是建住宅区，您暂时离开这里，等房子建好后，还可以搬回这里。这里建的是高层楼房，有电梯，有自来水，等您搬回来时，条件比现在好多了。您老辛苦几十年了，应该改善住房条件，享享福了。

另外，现在乡亲们都搬走了，这里就住您老一个人了，连个聊天的人都没有，多孤单啊，也不安全。您在外地工作的子女对您放心不下，我们也不放心。

您老有什么要求、有什么困难尽管向我们提出来，我们一定尽力给您解决。大家都说您是一个经常为别人着想的人，相信您一定会支持我们的工作。

您老明天就搬过去好吗？明天上午，我派车和人来给您搬迁。祝您老人家健康长寿！谢谢您！

二、连词编故事（串词）面试题的答题技巧与案例解析

连词编故事，又称为串词。这种题型要求面试者根据给定的词语，在较短的时间将其迅速组成一个有一定创意的故事。这并非文字游戏，它能够充分地体现面试者的反应能力、应变能力、理解能力、驾驭语言文字的能力、语言表达能力、创新能力等。可以说，这类题型侧重于考查面试者的综合能力，反映面试者的整体素质。不少面试者面对这类题型不知如何回答。其实，这类题型的难度并不是很大，只要我们掌握一定的技巧，就完全能够根据问题给定的词语编好故事。

分析人物与词语之间的关系，确定故事的大意。在面试时给出的词语，有些从表面上看，他们之间似乎没有联系，但是我们一旦将虚拟而具体的人物融入其中，就可以发现他们之间存在着一定的逻辑关系，根据这种逻辑关系就可以迅速地确定故事的大意。

分析词语所表达的事物之间的关系，以便确定故事的大意。有些问题给定的词语所表达的事物之间存在着一定的联系。因此，只要认真分析词语所表达的事物之间的联系，就可以确定故事的大意。

根据故事的大意设置必要的情节，编制完整的故事。确定了故事大意以后，就等于确定了故事的基本框架，在这个基础上，根据时间和要求设置必要的情节，就可以变成一个简短而又完整的故事。

注意所编故事的思想性与逻辑性。连词编故事主要考查面试者的综合能力。面试者在听到考官宣读连词编故事的问题后，不但要考虑如何将给定的词语连成一体，同时也要考虑故事的思想性，也就是说如何使故事体现积极向上的主题，不能把消极的东西编入故事当中，否则面试的得分就不会高；另外，在编故事时还要注意故事的逻辑性。所谓故事的逻辑性，指使用规定的词语连接的故事一定要自然，要符合生活常理，而不是胡编乱造和主观臆造。

案例 1

根据给定的词语“水果、大地、干部、作为、犯罪”编写一则故事。思考时间为 2 分钟。

【答题思路】

需要把这 5 个词语有机地联系在一起，增强故事的逻辑性，同时也要增强故事的思想性，只有这样才完全符合题意的要求。

【评分参考】

××村的农民在村干部的帮助下，在贫瘠的大地上辛勤劳作，种植了苹果等优质水果树，获得了大丰收。农民将水果批发给了商贩，取得了令人满意的经济效益，摘掉了贫困的帽子，农民非常高兴。农民选择了一些最好的水果，去感谢关心、帮助过他们的干部，干部坚持要付钱给他们，农民坚持不要。干部对农民说：“我们作为国家干部，有义务帮助你们致富，决不能向你们索取，否则我们就会犯罪。”农民听了干部的话，感动得流下了眼泪。他们赞扬干部说：“你们真是廉洁奉公的好干部啊！”

案例 2

根据给定的词语“汽车、老鼠、搏斗、派出所、散步”编写故事，可以颠倒词序，思考时间为 2 分钟。

【答题思路】

需要把这 5 个词语有机地联系在一起，增强故事的逻辑性，同时也要增强故事的思想性，只有这样才完全符合题意的要求。

【评分参考】

一天，李大明吃完晚饭，又像往常一样出门散步，他来到了繁华的大街上，汽车来来往往川流不息。突然，李大明听到有人在喊：“快抓住他，他抢走了我的金项链！”李大明循着声音向前望去，一名歹徒正像老鼠一样拼命地逃窜。李大明毫不犹豫，猛追歹徒，很快就追上了歹徒，并同歹徒展开了英勇搏斗，终于制服了歹徒。在其他同志的协助下，李大明将歹徒扭送到了派出所。派出所的民警赞扬了李大明的见义勇为行为。

案例 3

请用给定词语“高山、沙漠、黄河、手机、飞机”编一个故事，思考时间为 2 分钟。

【答题思路】

需要把这 5 个词语有机地联系在一起，增强故事的逻辑性，同时也要增强故事的思想性，只有这样才完全符合题意的要求。

【评分参考】

领导安排小王到新疆出差，这是小王参加工作以来第一次出差。为了争取时间，领导特批小王乘飞机去新疆。这天小王心情特别好，单位派车把他送到了机场，他很快就办好了登机手续，登上了飞机。真是很巧，小王的位置靠窗户。但是前一天晚上，由于他想到工作后第一次出差，非常兴奋，几乎没有睡觉，所以一上飞机，他很快就睡着了。睡了一会儿，他醒来了。他眼望窗外，飞机在白云中穿行，俯瞰大地，简直惊呆了，黄河像一条飘带系在祖国的大地上，高山变成了小小的坡地，广漠的沙漠似乎也变成了一块小小的盆地。他想，从高处向下看，什么东西都变得那么渺小了，而人的心却变得更开阔了。想到这里，他立刻掏出手机，准备把这种想法告诉自己的朋友。这时，他突然记起来了，一上飞机，他就在乘务员的要求下关了手机。他不禁笑着自言自语地说：“瞧我这记性！”

案例 4

请用给定词语“权利、住宅、合作、榜样、旅游”编一个故事，词序可以颠倒，思考时间为 2 分钟。

【答题思路】

需要把这 5 个词语有机地联系在一起，增强故事的逻辑性，同时也要增强故事的思想性，只有这样才完全符合题意的要求。

【评分参考】

小赵大学毕业五年了，在沿海自谋职业，取得了较好的业绩，腰包也渐渐鼓了起来。腰包越鼓，他越是感谢父母。他常说，没有父母的培养，就没有他的今天。为了感谢父母的养育之恩，小赵决定抽出时间陪父母到北京、上海等地旅游，于是找了一家旅游公司。旅游公司向他介绍，他们公司是市里实力最强的一家公司，不但开发了多条旅游线路，而且与一家大公司合作开发老城区的居民住宅，服务质量一流，是其他旅游公司的榜样。对于公司的介绍，小赵完全相信了，签订了 3 人随团旅游的合同。合同规定，每人支付人民币 5 000 元，时间为 10 天，来回双飞，住三星级宾馆，每天包三餐，中晚餐八菜一汤，参观门票由旅游公司负责。小赵和父母高高兴兴地踏上了行程。他们第一站来到了北京，旅游公司将他们安排在一个没有级别的招待所里，中晚餐四菜无汤且质量不高。小赵有了一种上当受骗的感觉。他向随团的导游反映，导游支支吾吾，不做正面回答。小赵认为旅游公司的这种做法侵犯了他们的合法权利。因此，他决定联合旅游团的其他成员向旅游局投诉。

案例 5

请用给定词语“就业、下岗、毅力、知识、成功”编一个故事，词序可以颠倒，思考时间为 2 分钟。

【答题思路】

需要把这 5 个词语有机地联系在一起，增强故事的逻辑性，同时也要增强故事的思想性，只有这样才完全符合题意的要求。

【评分参考】

李康所在的玻璃厂因资不抵债，破产倒闭了。李康下岗了。他非常苦恼，自己已经 40 岁了，在这个年龄失去了工作，又没有技术，还有谁会录用呢？因此要再就业可能比登天还难。自己上有老，下有小，以后的日子该怎么过啊！就在这时，居委会主任来到了李康的家里，他对李康的处境表示同情，并表示要帮助李康解决生活上的困难。李康听了居委会主任的话，非常感动。过了两天居委会主任又来到了李康的家里，告诉他有一家工厂需要钳工。李康说自己不懂钳工技术，居委会主任告诉他，已经给他找了一个师傅，只要认真学习，三个月就可学会这门技术。于是，李康在居委会主任的鼓励下，到师傅那里学习钳工。李康早出晚归，以顽强的毅力学习知识和技术，师傅非常满意。三个月后，李康以优异的成绩被工厂录用。李康终于又成功地再就业了。他非常感谢居委会主任和师傅给他的帮助和关怀。

三、演讲面试题的答题技巧与案例解析

演讲面试题要求面试者根据有关材料提炼主题，或者根据试题提供的主题发表3～5分钟的演讲。演讲面试题主要考查面试者分析问题的能力和言语表达的能力，属于即兴演讲。即兴演讲是指在没有准备或准备不充分的情况下所发表的演讲。要回答好演讲面试题既要掌握即兴演讲的特征，又要掌握面试即兴演讲的方法和技巧。

弄清虚拟身份，明确听众对象。公务员录用面试对象演讲题型一般都规定了演讲者特定的身份，并且也明确了特定的听众对象。因此，面试者一定要迅速了解自己所虚拟的身份和听众对象，把自己看成虚拟对象中的某个领导或某个特定的角色，把考官当成题目中规定的演讲听众对象。只有这样，才会使自己快速进入演讲角色。

根据题目要求，确定演讲主旨。公务员录用面试演讲题目虽然规定时间只有2分钟或3分钟，但演讲的主旨要求却非常明确，决不能含糊不清。因此，面试者一定要理解题目的要求，在理解题目要求的基础上，迅速确定演讲的主题，保证演讲围绕题目要求的主题进行。

围绕主旨，理清思路。主旨是即兴演讲的灵魂，思路则是做好即兴演讲的关键。因此面试者在明确主旨后，应立刻围绕主旨，理清思路，思考清楚2分钟或3分钟的演讲应从哪些方面来阐述主题。这样在演讲的时候，就会做到层次清楚，同时也会避免卡壳。

依照思路，选择材料。思路是演讲的骨架，有了骨架，还必须有材料，否则有可能出现讲完思路就没词的现象。因此，面试者一定要根据思路选择材料，材料可以是事实，也可以是理论，但是一定要能够说明主题。否则，材料不但不能起任何作用，相反还有可能影响演讲的逻辑性。

案例1

现在有些公民不遵守交通规则，随意横穿公路，随意闯红灯，引发了不少的交通事故。请你以一个交警的身份就一些公民不遵守交通规则的问题向市民发表3分钟的演讲。

【答题思路】

这个演讲题目中演讲者虚拟的身份是交通民警，听众对象是普通的市民。从提供的内容来看，演讲的主题可以确定为“遵守交通规则，确保生命财产安全”，可以从遵守交通规则的意义来阐述主题，也可以从违反交通规则的危害性来阐述主题。3 分钟的演讲字数一般为 500 字左右。

【评分参考】

市民朋友们：

你们好！我今天要跟大家说的是“遵守交通规则，确保生命财产安全”。我是一名交警，长期的执勤使我深深地体会到了公民遵守交通规则的重要性。只要我们自觉地遵守交通规则，共同维护交通规则，就可以防范和减少交通事故的发生，确保交通安全。我们应该怎样遵守和维护交通规则呢？首先，一定要树立交通安全意识，充分认识遵守交通安全的重大意义。遵守和维护交通规则直接关系到人民生命财产安全，关系到社会主义经济建设。我们只有将对遵守交通规则的认识提高到这样的高度，才会从思想上筑起一道防止违反交通规则的屏障，以遵守交通规则为荣，以违反交通规则为耻。其次，我们要自觉地遵守交通规则，严格执行交通规则，不能为了图一时的方便而违背交通规则，随意乱穿马路，乱闯红灯。最后，我们除了自觉地遵守交通规则之外，还要同一切违反交通规则的行为做斗争，发现有违反交通规则的行为要及时制止，在无法制止的情况下，要主动向交通警察部门报告。我想，只要我们携起手来，共同遵守和维护交通秩序，就一定能够确保交通安全，为和谐社会建设贡献自己的力量。谢谢大家！

案例 2

一些农村存在赌博行为，有的村民因赌博负债累累，有的村民因赌博妻离子散，有的村民因赌博盗窃或抢劫。请你以乡长的身份对农民听众就赌博问题发表 3 分钟的演讲。

【答题思路】

这个演讲题目要求面试者虚拟的身份是乡长，听众对象是农民，内容是农村的赌博问题。赌博是一种违法行为，具有严重的危害性。因此，作为乡长，或者阐述赌博的性质，使大家认识赌博的违法性；或者阐述赌博的危害性；或者阐述禁止赌博的重要性；或者可以综合阐释。但不管从哪方面阐述都要体现以人为本的原则，要充满着对农民朋友的关爱之情。

【评分参考】

乡亲们：

你们好！我今天跟大家谈的是最近发生在我乡的赌博问题。很多村民反映，赌博问题已经发展到了非治理不可的地步。我作为乡长，对于村里发生的赌博问题有不可推卸的责任，所以首先我要向大家检讨，同时也虚心接受大家的批评。我想，要真正禁止赌博，首先必须明确禁止赌博的意义。禁止赌博有利于家庭的和谐幸福。一些家庭由于有成员参与赌博，其结果或者是家庭出现了严重的裂痕，或者是家庭已经解体，好端端的家庭就这样被破坏了，失去了和谐，失去了幸福。这难道不说明了禁止赌博有利于家庭的和谐幸福吗？其次，禁止赌博有利于预防犯罪，确保正常的社会治安秩序。大家知道，一些村民因为赌博负债累累，为了偿还赌债，他们走上了盗窃和抢劫的犯罪道路，把自己送进了监狱，同时也给村民造成了伤害，他们的行为严重地扰乱了社会治安秩序。不难看出，如果这些人不赌博，那么他们就不会欠债；不会欠下赌债，他们就不会铤而走险犯罪，他们不铤而走险犯罪，正常的社会治安秩序就不会遭到破坏。由此可见，禁止赌博可以预防犯罪，确保正常的社会治安秩序。只有我们所有家庭和谐幸福，才有正常的社会治安秩序，才会有效地促进社会主义和谐社会的建设。谢谢大家！

案例 3

政府三令五申禁止学校乱收费，可是一些学校就是不听，依然乱收费，侵犯了家长的合法权益，同时在社会上也造成了不良影响。请你以教育局局长的名义向学校校长或家长发表 3 分钟的演讲。

【答题思路】

这道题是一个选择型的演讲题目，要求面试者以虚拟局长的身份就学校乱收费的问题对校长或对家长发表演讲。校长和家长是两种不同的听众对象，因此演讲的主题也明显不同。对校长的演讲主要是讲为什么按照规定收费的问题，也就是按规定收费的意义；或者分析一些学校为什么不按规定收费的原因，帮助校长提高思想认识，纠正乱收费的现象。对家长演讲主要是讲如何纠正乱收费现象，维护家长的合法权益的问题。因此，面试者要注意把握同一问题针对不同对象演讲时的不同主题。

【评分参考1】

各位校长：

你们好！今天我要跟大家说的是一些学校乱收费的现象。一些学校乱收费的现象已经在社会上造成了严重的不良影响。它不仅损害了学校的形象，同时也损害了政府教育部门的形象。因此对这个问题必须引起我们足够的重视，充分认识乱收费现象的危害性。首先，乱收费严重地侵犯了学生和家长的合法权益。物价部门专门制定了学校的收费标准，多收费，学生和家长就出了不应该出的钱，出了不应该出的钱，就是侵犯了他们的合法权益。其次，乱收费必然会引发社会上的不安定因素。乱收费由于侵犯了家长的合法权益，必然引起他们的意见，处理不好就会导致社会矛盾，而一旦导致社会矛盾，就会影响社会的安定团结。最后，乱收费影响了人才的培养。学校是教书育人的重要场所，教书育人不但要向学生传授科学知识，也要培养他们的道德和法律意识。学校乱收费的行为是一种不规范的行为，这种不规范的行为被学生耳闻目睹，会给他们的心灵留下阴影，甚至也会使他们做出不规范的行为，这岂不影响了人才的培养？影响了人才的培养，实际上就违背了学校办学的宗旨。因此，我们作为学校的校长，应充分认识乱收费现象的危害性，坚决杜绝乱收费的现象，为维护社会的安定团结、培养高素质的人才不断做出新的贡献。

【评分参考2】

各位家长朋友：

你们好！最近我们接到你们的投诉和反映，一些学校存在乱收费的现象。我们进行了调查，这一现象确实存在。首先，让我代表教育局对这些投诉和反映情况的家长表示衷心的感谢，并希望你们继续支持和监督我们的工作。你们反映的这些问题说明我这个局长没有做好工作，因此，我向你们表示深深的歉意。其次，学校乱收费确实侵犯了你们的合法权益，按照政府物价部门的规定，你们不应该支付那么多钱，却支付了那么多钱，增加了你们的开支，侵犯了你们的合法权益。对于这种侵犯你们合法权益的行为，学校应该负责任，教育行政管理部门也应该负责任，我们决定，教育局最近组织人马到存在乱收费的学校进行清查，对多出的收费一定责成学校退还给各位家长，对问题严重的学校，我们一定要严肃处理。总之，教育局一定正视存在的乱收费的现象，坚决维护家长和学生的合法权益。请各位家长朋友放心！谢谢大家！

案例 4

有的地方现在公款吃喝风非常严重，一桌酒席少则上千元，多则上万元，请就这个问题以市监察委员会主任的身份对市属单位负责人做 3 分钟的演讲。

【答题思路】

这个演讲题目演讲者虚拟的身份是市监察委员会主任，听众对象是市属单位负责人。要讲好这个题目，或分析公款吃喝的严重危害性，或讲述杜绝公款吃喝风的重要意义，或分析公款吃喝风形成的原因。但不管从哪个角度分析，都要注意听众的特殊性，语言既要有力度，又要尽可能地委婉含蓄，要考虑听众对象的可接受性。

【评分参考】

各位领导、同志们：

大家好！今天我演讲的主题是“刹住公款吃喝风的重大意义”。现在公款吃喝风愈演愈烈，大有一发而不可收的趋势。因此必须刹住公款吃喝风。我们为什么必须刹住公款吃喝风呢？首先，刹住公款吃喝风有利于党和政府的廉政建设。党和政府越来越重视廉政建设，廉政建设关系到党和政府的前途命运。公款吃喝风是与党和政府的廉政建设背道而驰的。因此，坚决刹住公款吃喝风，符合党和政府的廉政建设要求，必然促进廉政建设。刹住公款吃喝风有利于党和政府与人民群众的密切联系。其次，刹住公款吃喝风使群众看到了党和政府的严格自律的作风，将大大增加对党和政府的信任，自然也就会更加向党和政府靠拢，必然加强了党和政府与人民群众的密切联系。

最后，刹住公款吃喝风能够促进社会主义经济建设。公款吃喝风一年吃掉了大量的公款，如果将这笔巨大的公款投入一些项目的建设，将产生巨大的经济效益。这岂不促进了社会主义经济建设？总之，刹住公款吃喝风意义重大。我们作为领导干部一定要起模范带头作用，以自己的实际行动拒绝公款吃喝风，做党和政府廉政建设的先锋和模范。

案例 5

请以“信用”为主题，发表 3 分钟的演讲。

【答题思路】

审题的关键是“信用”。题干规定了演讲的主题为“信用”，面试者在答题时，应紧紧围绕这一主题展开论述，在具体展开部分可以列举生活中有关“信用”的事例；也可以引用有关“信用”的名人名言；还可以借用有关“信用”的寓言故事，为自己的演讲添彩。要注意，题干规定了演讲的时间为 3 分钟，面试者在回答问题时应注意把握时间，不可以超时。此外，也要注意，不能因为怕超时就匆匆结束自己的演讲，在对题目进行审查时，应做到心中有数，避免演讲时语无伦次。

答题时，首先，要开门见山引用“人无信不立，业无信不兴，国无信则衰”切入正题。其次，采用叙议结合的方法，选择论语中的“言必信，行必果”来证明讲“信用”的重要性，同时列举海尔集团“砸冰箱”的事例，说明“信用”需要长时间积累。最后，回应主题，指出诚信在社会发展中的重要价值。

【评分参考】

尊敬的各位考官：

大家下午好！今天我演讲的题目是“信用”。

中国有句古语“人无信不立，业无信不兴，国无信则衰”。一个人如果讲信用，尽管在短期来看可能会损失一时的利益，但是从长远看却得到了人心，别人因为信服你而愿意亲近你、帮助你，你也有可能因此成就一番事业。如果一个人不讲信用，虽然得到了一时的利益，但从长远来看却失去了人心，别人会渐渐疏远你、轻视你，你最后也会失去朋友，成为一个失道寡助，甚至众叛亲离的人。

对于国家也是如此。所谓“得民心者得天下”。国家取信于民，上下一心，方能长治久安；如果失信于民，则难免上行下效，人人只顾自己的利益，国家如一盘散沙，长此以往则社会风气败坏，最终导致国家分崩离析，甚至灭亡。

我国是一个历史悠久的文明古国，中华民族一向重视诚实守信。《论语》有言“言必信，行必果”。当今社会，信用是市场经济活动的一项基本道德准则，也是法治社会的一项基本法律规则。这让我想到了海尔集团“砸冰箱”的故事。张瑞敏初到海尔，一位朋友要买一台冰箱，结果挑了很多台发现都有毛病，最后勉强拉走一台。朋友走后，张瑞敏派人把库房里的 400 多台冰箱全部检查了一遍，发现共有 76 台存在各种各样的缺陷。他把职工们叫到一起问大家怎么办，多数人提出便宜点处理给职工算了。当时一台冰箱的价格是 800 多元，相当于一名职工两年的收入。张瑞敏说“我要是允许你们把这 76 台冰箱卖了，就等于允许你们明天再生产 76 台这样的冰箱。”于是，他宣布将这些冰箱全部砸掉，谁干的谁来砸，并抡起大锤亲手砸了第一锤！很多职工砸冰箱时流下了眼泪。张瑞敏就是用这一行为告诉大家，有缺陷的产品就是废品，一旦售出就是对消费者不负责任，也会影响海尔集团的信用。

信用是长时间积累的信任和诚信度，难得却易失。耗费十几年工夫积累的信用，往往由于一时的言行失当而毁于一旦。诚信是人与人交往的契约，是社会运行的规则，是各国团结发展的基础。让我们都将诚信作为做人的一项准则，共同开创一个美好的未来！

我的演讲结束，谢谢大家！

四、无领导小组讨论面试题的答题技巧与案例解析

无领导小组讨论面试题一般可以分为：开放式问题，多项选择式问题，两难式问题，资源争夺型问题等。

开放式问题的答题技巧。开放式问题重点考查面试者的综合分析能力和计划组织协调能力。

综合分析能力题型中的谈看法类问题往往以社会热点为出题背景，提问形式一般为“你怎么看?”“谈谈你的看法并说明理由”。解决此类问题的常用思路为：提出观点—论证观点—落实观点。综合分析能力题型中的对策类问

题往往要求面试者对某一社会问题或公共政策提出改进意见，提问形式一般为“应该怎么解决？”提出的建议往往围绕“法律、行政、监督、教育宣传、经济和自律”等六大手段进行阐释，使建议富有逻辑性和全面性。

计划组织协调能力题型中策划活动问题是开放式问题极为常见的考查内容。常用的提问方式为“请补充一项活动方案。”比较常用的答题思路是将活动流程与活动要素相结合，做到活动计划有序、内容详略得当。方案主要包括活动的时间（地点）、组织者、内容（主题和目的）、方式与步骤、效果（包括预期效果和活动总结）。计划组织协调能力题型中的调研类问题，面试者可以从调研流程和调研要素（调研目的、调研内容、调研对象、调研主体、调研方法、调研结果）两方面把握。

多项选择式问题的答题技巧。多项选择式问题分为单纯的多项选择式问题和排序类多项选择式问题。多项选择式问题没有所谓的“标准答案”，各个选项之间会有一定的平衡性，但也会有一个相对较优的答案。表 10-1 为面试者提供了一些简单、实用的方法，可帮助面试者快速找到最优答案、赢得其他面试者的认同与支持，从而成为小组讨论中无形的“领导者”。

表 10-1　多项选择式问题处理方法

方法类型	具体操作方法	适用范围
选项归类法	将选项按照性质、用途等进行划分归纳，把相似的或者具有包含与被包含关系的选项进行归纳	难度较大或者备选选项较多的多项选择式问题
统筹方法	排序时应先分清任务的轻重缓急；能够一起处理的事情一起处理；利用间隙时间完成次要环节的工作	涉及工作协调的排序类多项选择式试题
技术统计法	以表格或者其他简单的形式将面试者的选择或排序进行罗列，以便节省时间，更好地对所有面试者的发言进行总结归纳	总结归纳出小组各成员的看法，促成小组一致意见的产生

两难式问题的答题技巧。两难式问题要求面试者在各有利弊的两个观点中进行选择。面试者在确定了自己的论点之后，应对自己的观点进行论证，进一步支撑自己的论点，在此基础上，采用合理的方式对对方的观点进行驳论，指出其观点的片面、错误等，引导讨论进程向着自己的观点靠拢，凸显自身优势。

在这个过程中，面试者需要运用驳论法和论证法（见图 10-1）。此外，在辩论的最后，如果仍然存在僵持不下的情况，则可能会用到举手表决法。

- 两难式问题
  - 驳论法
    - 反驳论点
    - 反驳论据
    - 反驳论证
  - 论证法
    - 事实论证
    - 理论论证
    - 对比论证

图 10-1　两难式问题答题方法

资源争夺型问题的答题技巧。资源争夺型问题通过面试者对资源的分配内容，考查面试者的计划组织协调能力、是否具有公务员应有的各种意识等。无领导小组讨论面试中，很少出现单纯的资源争夺型问题，多表现为资源争夺型与多项选择类问题的结合，提问形式多为“对确定的活动方案做一定金额的分配”。

在作答资源争夺型题目时，可以采用优劣势分析法，针对题目给定的资源，分析各选项的优势和劣势，带来的意义以及局限性等，明确自身选择的理由，从容地防守与质疑“对手”的选项。

案例 1

【背景材料及问题】

目前，某些地方对政府推行民主评议工作，但在推行过程中，出现了不少“政绩广告”。对此，要求各位考生以“民主评议工作委员会”成员的身份来讨论以下话题：

（1）如何看待“政绩广告”？

（2）做好民主评议要抓住哪三个关键问题？

（3）对于最关键的问题，有什么好的建议和对策？

【要求】

（1）阅读材料 5 分钟。

（2）自由发言，每人 5 分钟。

（3）自由讨论 40 分钟。

（4）总结陈词 5 分钟。

【答题思路】

此题属于无领导小组讨论试题中的开放式试题。题中的三个问题一气呵成，因此面试者回答这三个问题的主要观点和态度应该一致，应注意形成一个总的论点。第三问的建议和对策应与第二问紧密结合，应对症下药。

对于搞好民主评议应抓住哪三个关键问题、谁是最关键的问题，则见仁见智，这也正是开放类试题的特点，但这些关键问题都不能偏离民主评议的三大原则。结合当前民主评议存在的不足或出现的问题进行思考，如题目中提到的某些夸大事实的“政绩广告”，就是民主评议实施过程中出现的违背实事求是原则的问题。

【评分参考】

有些地方为增加换届考察的政绩筹码，在当地或上一级新闻媒体上整版整版地做宣传，提出一些响亮的政绩口号，却没有实质内容，搞形式主义，这就是政绩广告。有些新闻媒体专门开辟“软文”版面，让夸大事实、变相的“形象广告”以消息、通信等形式在非广告版面上大行其道。这些洋洋洒洒的“吹泡泡”文章，其实质就是用公款为单位和个人脸上“贴金”。这与地方民主评议的要求背道而驰，不仅浪费国家钱财，破坏政府形象，而且混淆视听，助长了社会的浮躁之风。要解决这一问题，关键是抓好党政领导干部的“政绩观”教育，建立健全领导干部科学的政绩考评机制，同时加强对新闻媒体的管理，严肃新闻纪律，强化行业自律，提高媒体的声誉和公信力，不给那些“政绩广告”提供载体。

民主评议是党团组织或行政组织中的成员通过自我评价和组织考核等方式，检查和评价每个党员在坚持党的基本路线的实践中，发挥先锋模范作用的情况，并通过组织措施，达到激励党员、纯洁组织、整顿队伍的目的。民主评议时，党员要坚持以下原则：一是实事求是的原则，即民主评议必须以事实为依据，既不降低党员标准，又不提过苛过高要求；既要坚持党员标准，严格要求；又不搞上纲上线，蓄意整人。二是民主、公开的原则。要发扬民主，尊重党员的民主权利，让党员充分发表意见，并认真听取党外群众的评议意见。对不合格党员的组织处理意见要与本人见面，并允许其申辩。三是平等的原则。党员在评议标准面前人人平等，无论是老党员，还是新党员；无论是普通党员，还是党员领导干部，都要严格要求，一视同仁。谁不具备党员标准、不起党员的先锋模范作用，谁就是不合格党员；谁违反了党的纪律，谁就应当受到党的纪律处分。对于搞好民主评议应抓住哪三个关键问题、谁是最关键的问题，则见仁见智。

作为民主评议委员会的成员，要解决这些关键问题，搞好民主评议，就要坚持正确的思想教育观、制度建设观、监督检查观，保证民主评议的实事求是、民主公开、平等。

案例 2

你认为什么样的领导是好领导？

【答题思路】

对于这道题，面试者可以结合自己的理解认识，选定一个标准，从多方面来作答，如领导的人格魅力、领导艺术、专业技能、管理方法等。下面给出了五种不同的评分参考。

第一种答题思路采用完美无缺式的答题方式，把做一名好领导的各种要素尽可能地进行了罗列，内容丰富。这种思路重点在于层次上的安排要具有很强的逻辑性。

第二种答题思路采用高屋建瓴式的答题方式，非常宏观地谈了做一名好领导的四个关键要点，思路清晰、层次分明，但会给人做报告之嫌，缺乏生活气息，容易产生距离感。

第三种答题思路采用辩证分析式的答题方式，谈到了对于好领导的评价标准不能仅从一个角度来看，还要考虑下级对领导的适应能力等。虽然无法面面俱到，但因为采用了独特的表达方式，也能给考官一个打高分的理由。

第四种答题思路采用宁缺毋滥式的答题方式，只抓住好领导要具备的智商、情商以及领导能力三个方面来谈，观点鲜明，但存在的缺点是内容稍显单薄。

第五种答题思路采用细致入微式的答题方式，从细节入手、以小见大，思路清晰，缺点是过多地从答题者的角度谈对领导的要求，稍显局限。

【评分参考 1】

我心目中的好领导是能够正确认识自己、完善自己，并有着近乎完美人格的领导。一是率先学习，不断完善自己；二是工作作风优良，职业道德感强；三是廉洁自律意识强，自我约束严；四是刚正不阿，对待下级公正公平、坦诚相待，和蔼可亲；五是能与上下级形成良好的互动关系，有能力打造优秀团队。

【评分参考2】

好的领导干部要过好“四关”。① 权力关：领导的权力是人民给的，使用权力时必须牢记为人民服务的宗旨，全心全意为人民谋利益，切不可将权力视为己有、为己所用。② 名利关：领导不能随着职位升迁、工作取得成绩而放松政治、思想和道德方面的修养。③ 法律关：领导要从自身做起，用法律来保护人民的合法权益。领导必须学法、知法、守法、依法办事，用实际行动做依法治国的实践者。④ 群众关：领导应该把党的事业和人民的需要放到第一位，把群众的忧虑和呼声作为从政的第一信号，把群众需要作为第一选择，把群众满意作为第一标准，把群众利益作为第一原则，用真情、尽真心为群众做好事、办实事、解难事。

【评分参考3】

是否是好领导，要看站在哪个角度来看。在上级领导的心中，好领导要工作能力强，工作技能高，执行能力强，工作责任心强，工作效率高，心态要好，对组织要忠心，对领导要尊敬，自我学习能力与上进心要强，有过硬的业务能力，在员工与领导的工作之间要有良好的人际关系，对上级领导要做到各项工作认真完成，对下级工作要让全体员工认真执行并做好。在下属的心中，好的领导应具有较强的适应能力，并具有良好的领导才能。

【评分参考4】

一个好领导至少应当具备三个条件：一是要有足够的智力水平，见解有相当的高度和深度；二是要有比较强的领导能力，能尽量让下级发挥出最大的潜能；三是要有比较高的情商，和下级相处时能收放自如，既有威信力又有亲和力。

【评分参考5】

好领导，一要有凝聚力，能够营造整个团队的向心力；二要有敏锐的判断力，能够准确捕捉发展的趋势；三要有独特的思考能力，工作中有创新性；四要能知人善用、量材而用，为人才创造良好的发展空间；五要能体恤下级，能对下级的贡献做出合理到位的评价，敢于承担责任，处处考虑团体大局。

案例 3

【背景材料】

省统计局最近就如何抓好新农村建设针对乡镇党委书记做了一次调查，大家认为当前在新农村建设中迫切需要解决的事情有以下几项，现在请你按迫切程度对以下事项排序，并说明理由。

（1）加强农村文化建设。

（2）拓宽农民增收渠道。

（3）健全农村社会服务体系。

（4）切实搞好农村医疗。

（5）加强农村基础设施建设。

（6）搞好农村义务教育工作。

（7）抓好农村基层民主政治建设。

【要求】

（1）请考生认真读题，并准备发言提纲，时间 5 分钟。

（2）小组每位考生依次发言表明观点并陈述理由，时间 3 分钟(抽签确定发言顺序)。

（3）考生进入自由讨论，并须达成一致意见，时间 40 分钟。

（4）小组推举一位代表进行总结陈词，时间 3 分钟。

【答题思路】

本题属于无领导小组讨论试题中的排序类试题，要求将材料中提到的项目全部排列。一般而言，时间短、任务重。想做好排序最好事先确定一个简单实用的原则。作答本题可以采取以下步骤：

首先，对题目所列选项简单分类：加强农村文化建设；拓宽农民增收渠道；健全农村社会服务体系；切实搞好农村医疗；加强农村基础设施建设；搞好农村义务教育工作；抓好农村基层民主政治建设。其次，换位思考，真正站在农民的角度考虑问题。

【评分参考】

从迫切程度上而言，确切地说，换位思考，如果我是一个农民，那么我认为重要程度排序依次如下：① 第二项对于农民来说是最直接、最现实的问题，故排在第一。② 第五项次之，农村基础设施较城市而言还是相当薄弱的，“要想富多修路”。③ 第七项排第三。民主保障了农民的话语权，只有抓好农村基层民主政治建设才有可能选出对农民利益负责的好干部，带动农村发展。④ 第四项排第四。医疗是民生之保，也是社会公平的体现。⑤ 第六项排第五。教育是民生之基，有利于培养高素质的新时代农民。⑥ 第一项排在倒数第二。虽然文化是文明之源，但从农村的角度看，可行的对策较少，多限于文化活动室、图书室等。⑦ 第三项排在最后，因为这一条比较空泛。（服务是改革目标，如果能言之有物，也可以放在第一点来说。）

案例 4

【背景材料】改革开放以来，对我国社会道德现状的判断，一直存在着两种观点：“道德滑坡论”和“道德爬坡论”。目前，对当前中国社会道德现状的判断依然围绕着这个争论。一种是对我国现阶段的社会道德状况持肯定态度的观点，承认中国社会道德状况总体是好的，但也存在着问题，正在艰难地“爬坡”，同时带有道德建设的艰难性与长期性的含义，被称之为“道德爬坡论”。

另一种观点认为，当前中国社会道德处于退步当中，甚至到了极其糟糕的地步，离经叛道、道德沦丧等道德失范现象频频发生。中国社会道德正遭遇“严冬”，充满危机，亟待“拯救”。这就是所谓的“道德滑坡论”。

在当今“道德滑坡论”的舆论纷扰中，食品安全危机、官员腐败、政府不作为、老人跌倒无人敢扶等社会问题，令人扼腕叹息。但与此同时，“最美教师”张丽莉、“最美妈妈”吴菊萍等“道德模范”的出现，又不禁让人心生温暖。特别是近一个时期，各类媒体频现“最美”现象，“最美妈妈”“最美婆婆”“最美教师”……“最美”一词，一次次进入公众的眼帘，一次次触动国人的心弦。

【问题】

你赞成“道德滑坡论”还是“道德爬坡论”？表明观点并说明理由。

【要求】

（1）请考生逐个陈述自己的观点，每人 2 分钟。

（2）小组最终支持哪方观点，请小组讨论后形成一致决定，总时间为小组人数乘以 5 分钟。

（3）请小组选出代表向考官汇报最终的选择及理由，汇报时间为 3 分钟。

【答题思路】

我们以支持“道德爬坡论”的立场就这一问题进行分析。

持“道德滑坡论”者认为，当前我国社会道德处于退步阶段，甚至到了极其糟糕的地步，食品安全危机、官员腐败、政府不作为、老人跌倒无人敢扶等社会现象频频发生。而“道德爬坡论”者承认中国社会道德状况总体是好的，比如“最美教师”张丽莉、“最美司机”吴斌等道德模范的出现就是真实的写照。但与此同时，“道德爬坡论”者也承认目前社会的道德建设确实存在着一定的问题，正在艰难地“爬坡”。

道德是“爬坡”还是“滑坡”，实则存在着一个道德判断标准的问题，也就是说以道德标准为基准线，朝着这个基准线发展的，我们认为属于道德“爬坡”的范畴，而逐渐远离这个基准线的，我们认为属于“道德滑坡论”的范畴。所以，这个道德判断标准的选定是作答本题的关键。

【评分参考】

鉴于道德的复杂性，对于道德标准的界定，我们应该立足于中国特色社会主义实践，传承中华民族优良传统，同时结合当前国家对于道德建设的相关政策，我们认为“道德滑坡”与“道德爬坡”的界定应以社会主义核心价值体系为标准。

在这个标准的指导下，我们更倾向于支持“道德爬坡论”，即承认社会整体的道德水平是进步的，但是也不否认目前社会中确实有局部的道德滑坡现象，比如个人主义、拜金主义、享乐主义的泛滥等。也就是说，道德建设具有艰难性与长期性。得出这一结论的依据，具体体现在以下几个方面：

第一，“道德滑坡”现象毕竟是局部的、少数的。虽然道德滑坡在有些地方、有些行业十分严重，但并不是在所有方面都滑坡了。在我们这个大国中，还有很多个人和集体的道德不仅没有滑坡，而且在新的形势下有新的进步和发展，全国不少行业涌现出了大量的英雄模范人物和先进集体，比如“雷锋传人”郭明义、“板凳妈妈”许月华、“第一书记”沈浩等，都是我们学习的榜样。

第二，从社会大众的道德素养来看，我们的广大工人、农民、知识分子及干部，对社会不正之风、腐败现象和各种丑恶现象也是十分反感和痛恨的，而且在各种场合进行着不同形式的抵制和斗争。从这一点来讲，社会主义道德仍在他们的心中和实践中。

第三，随着这些年社会主义市场经济的发展，也给道德增添了许多过去从来没有的新内容，如人们的自我意识、平等意识、风险意识的增强，时间观念、效率观念的增强等。

第四，“道德滑坡论”的观点带有很大的主观性，缺乏理性的分析。对问题的分析，仅仅停留在表面，缺乏对问题本质的深刻分析。相对而言，“道德爬坡论”的观点更为全面、深刻。

案例 5

【背景材料】

有一家专门负责上百个广告牌的公司，决定 6 月份要在城市商业区挂一个公益广告牌，现有 5 个广告牌可供决策。考生抽签决定自己所选的广告牌，并分别推荐自己所抽中的广告牌，进行讨论后确定最终的选择。

(1) 环境保护方面的广告牌。

(2) 为贫困山区建希望小学的广告牌。

(3) 远离毒品方面的广告牌。

(4) 城市宣传方面的广告牌。

(5) 青年志愿者方面的广告牌。

【要求】

(1) 请考生认真读题，并拟定讨论提纲，时间 5 分钟。

(2) 请考生按照顺序分别阐述自己的推荐理由，时间为每人 3 分钟。

(3) 依次发言结束后，考生进行自由讨论，决定所挂广告牌，共 50 分钟。

(4) 选取一名代表进行总结，时间 5 分钟。

【答题思路】

此题属于无领导小组讨论中的资源争夺型题目，在明确自己的选择之后，面试者要集中精力将自己所选择的选项的重要性和好处说够说透。此时，面试者可以通过优劣势分析法简要分析这 5 个广告牌。

【评分参考】

选择一：环境保护方面的广告牌。

首先，联系党和国家关于环境保护的大政方针，如可持续发展、低碳经济等热点，以时下具有压倒性的理论来统领自己的观点往往能够起到事半功倍的作用，因为你的观点的立意已经很高了，别人轻易不能推翻。

其次，联系自己的生活实际，从考官和面试者都熟悉的日常生活说起，如垃圾分类处理等，这样更容易引起考官和其他面试者的共鸣，能够感同身受。同时，面试者也可以依据自己的知识储备列举全国或是省市范围内的环境热点问题，用事实说话，面试者需要谨记在无领导小组讨论的考场上，空洞抽象的说理远远比不上生动的事例。

选择二：为贫困山区建希望小学的广告牌。

首先，在分析这个选项时，面试者最好打情感牌，做到以情动人，触动考官和其他面试者内心最脆弱、最敏感的区域，在感情上产生共鸣，而做到这一点最直接的办法就是采用对比的方法：一是将经济发达地区或是身边优越的教育环境和贫困山区上不起学的儿童的教育环境做对比；二是要在对比的基础上强调贫困山区儿童渴望受教育的愿望，最好能够列举几个事例，如果是面试者的亲身经历则更好，人对于弱者都是有同情心的，让大家同意你的观点就是要牢牢抓住这个方向，尽量博取大家情感上的认同，这样即使别人不同意你的选择，最起码在争论时也不会那么咄咄逼人。

其次，感性上做足之后，面试者可以从理性的角度，即教育公平对于青少年、国家甚至整个民族发展的重要性谈起，至于教育公平的重要性和意义，相信每一个面试者都能说得很充实，在这里就不做重复，关键是发挥自己的特长进行阐述。

在感性和理性方面都将文章做足，那么选项的立足点将非常牢固。

选择三：远离毒品方面的广告牌。

首先，对于这个选项面试者可以按照由小到大的方式来阐述。从毒品对青少年和广大吸毒者的危害，最后扩大到对整个社会风气和民族精神的危害，重点是将毒品的危害说透，即对人的肉体、思想到精神的伤害。毒品不仅毁坏了一个人的前途，更是败坏了一个社会的风气，这种伤害是巨大的。

其次，面试者可以再介绍一下毒品对整个社会的危害程度，从大的方面阐述毒品危害已经到了一个相当严重的程度，其中可以列举公安机关破获的一些影响较大的毒品案件，举出较为生动的数据说明，这样更有说服力。

总之，要说清楚毒品对青少年和广大吸毒者的危害程度，从而进一步说明禁毒工作刻不容缓。

选择四:城市宣传方面的广告牌。

这一点实际上是一种新形势下的城市营销和城市经营发展理念。

首先,面试者可以联系中国城市化的大背景和大趋势,指出无论是从国际形势看,还是从中国具体国情看,现在都是中国城市迅速发展的最好时机,同时机遇和挑战并存,如何迎难而上,关键是改变城市发展理念,用市场经济观念管理城市,即做好城市宣传工作,将城市的名气打出去。面试者可以列举国内外的各种成功的事例,如山东曲阜、安徽黄山、江苏苏州等,事实胜于雄辩。

其次,面试者可以从城市宣传方面谈到对百姓生活的影响,现代城市不仅是社会经济发展的载体,也是承载城市文明的实体。如今是一个开放发展的时代,宣传城市可以兼收并蓄,应该采用先进的城市发展理念来指导城市的发展。这种发展不仅可以带给百姓实实在在的物质利益,也可以给百姓带来以城市文明为主题的精神提升。

选择五:青年志愿者方面的广告牌。

首先,面试者可以阐述志愿者和现代社会发展的必然性,说明志愿者是社会发展必不可少的组成部分,其中可以列举一些具体事例,如北京奥运会志愿者对于北京奥运会成功举办的意义,当然面试者也可以结合自己具体参加的志愿者活动来谈感受,这样更具有说服力。

其次,面试者可以抛开志愿者本身,进一步深入谈志愿者所体现出来的志愿者精神对于现代社会发展和民族素质提升的重要意义。这不仅对于青年志愿者本身的成长具有重要意义,也是一个朝气蓬勃的社会和民族所应该具备的精神内涵。

附录一 中央机关遴选公务员全真模拟试题

中央机关遴选公务员全真模拟试题及评分参考(一)

引导语:

你好,首先祝贺你顺利通过了笔试,欢迎参加今天的面试。请你来是希望通过面对面的交谈,增进对你的了解。我们会问你一些问题,对于我们的问题,希望你能认真和实事求是地回答。你回答问题的时间是 20 分钟,共 4 道题。回答每个问题前可以先考虑一下,或者用笔记下来,不必紧张,好好把握回答时间。最后祝你成功!好,现在开始。

1. 在党的十九大报告中,习近平总书记将人民"获得感""幸福感""安全感"并列提出,作为一名公务员,请谈谈你对"获得感"的理解。你认为怎样才能让人民群众有获得感?

2. 调查研究是领导工作的一个重要方法,但在实际工作中,由于事先通知,一些基层干部提早做出精心安排,致使领导的调研效果大打折扣。假如你是一名领导干部,你会如何去调研,并确保获得真实的调研效果?

3. 你与小李是不同科室的同事,一起约定出去旅游,并且已经定好了机票和酒店。小李向领导请假,领导未准假,但是之前领导给其他同事准假了。此时,领导给小李安排了工作,小李有怨言。你如何劝小李?请现场模拟。

4. 假如你走上新的工作岗位后,发现分管处室的同志有的踏实敬业,但缺乏开拓创新的精神;有的工作干劲大,但平时对自己要求不严;还有的工作认真,但缺乏大局观念。你将如何带好这支队伍?

说明:1. 不许在此题签上做任何记号。

2. 面试结束后请把此题签放在桌面上。

【题目1】

在党的十九大报告中，习近平总书记将人民“获得感”“幸福感”“安全感”并列提出，作为一名公务员，请谈谈你对“获得感”的理解。你认为怎样才能让人民群众有获得感？

【评分参考】

“获得感”指的是人民群众在共享各项改革开放成果后所产生的满足感。它强调的是一种实实在在的“得到”，这种得到不仅有物质层面的，也有精神层面的，既有看得见的，也有看不见的。“获得感”使人民得到的利益有了进行指标衡量的可能，所以“获得感”贴近民生、贴近民意。因此，要使人民群众有“获得感”，就需要做好民生工作。我认为让人民群众有获得感应做到以下几点：

首先，缩小贫富差距。目前，我国存在体制不够完善，地域差别造成的收入差距；再分配手段不完善造成的差距；管理的疏漏和一些现行政策法规的不完善、不配套，提供了滋生非法收入的土壤等问题。要矫正失衡的利益格局，使群众有“获得感”，就必须完善收入分配制度，包括在初次分配环节注入公平色彩，分配环节切实维护社会公平，并积极引导第三次分配等。

其次，解决农村社会保障体系存在的问题。目前，我国存在社会保障覆盖面较窄；农村社会保障管理不科学，农村社会保障资金缺乏；大部分农民参保意识不强等问题。解决这些问题，使人民群众有“获得感”的主要措施包括以下几点：第一，扩大农村社会保障覆盖范围，出台并完善相关的政策；第二，完善农村社会保障法律体系，依农村现有的经济发展水平和发展速度制定一套完善的、可行的法律法规；第三，加大农村社保的财政支出，为了获得更多的社保资金，相关的部门可以借鉴福利彩票等公益性活动的一些经验，设立社会保障彩票，这样从社会上募集来的资金就可以作为发展农村社会保障体系的资金；第四，加大宣传力度，通过形式多样的宣传方式加大宣传力度，通过发放小册子、召开宣传会议、电视播放、广播宣传等各种宣传方式，让每一个农民都可以了解社会保障体系的内容，了解国家对人民的关爱。

最后，可以在每个村配备至少一个大学生村干部，通过他们直白的话语把社会保障的内容介绍给村民，解决村民的各种问题。

【题目 2】

调查研究是领导工作的一个重要方法，但在实际工作中，由于事先通知，一些基层干部提早做出精心安排，致使领导的调研效果大打折扣。假如你是一名领导干部，你会如何去调研，并确保获得真实的调研效果？

【评分参考】

调查研究（调研）是破解难题的重要途径。但一些领导干部从思想上、作风上、党性原则上对群众、对工作、对基层缺少一种责任感和务实精神，致使调研成了一种浮于表面的工作形式。一些领导干部害怕接触矛盾，喜欢听好的，调研采取事先通知的办法，让基层干部精心安排，甚至弄虚作假，使调研的效果大打折扣。

因此，为了杜绝官僚主义和形式主义作风，要想真正使调研取得效果，领导干部必须做到：

第一，调研前不仅要做好政策的学习，还要确定好科学合理的调研形式。首先，领导干部应当加强理论学习，树立马克思主义群众观，真正用马克思主义的立场、观点、方法分析问题和解决问题。其次，要做好准备工作，心中带着问题，对要达到的目的和要解决的问题做到心中有数。在形式的选择上，要坚持明访与暗访相结合，坚持轻车简从、机动安排行程；不搞层层陪同和群众迎送，根据情况随时调整行程安排，到最需要调研的地方去。

第二，调研中不仅形式上要创新，还要真心听取群众意见。在下基层调研方面，如果想要获得真实情况，必需真正弯下身子、沉下心来，深入实际、深入基层、深入群众。首先，在检查、调研中多些“自选动作”，看一些没有准备的地方，搞一些不打招呼、不作安排的随机性检查，改变形式主义的、预先设计好的调研，切实避免调研走过场。其次，在对待群众上，领导干部下基层调研，除了实地考察眼观六路，更要沟通交流耳听八方，目明还需耳聪，在与老百姓交谈的过程中，带着一颗真心，引导百姓说心里话；守着一份耐心，倾听百姓说家常话；增强一种细心，揣摩百姓说的话中话。同时做好相关的保密和调研工作，针对个别人或者团体欺压百姓的行为要坚决予以打击，还老百姓一个言论自由、和谐安定的社会环境。只有这样，才能让老百姓想说话、敢说话、会说话，领导也才能听到真心话。

第三，调研后不仅要认真思考，还要去伪存真。要对调研结果进行公示，接受群众、媒体和社会的广泛监督；要采用随机访问、座谈、问卷等多种方式，广泛征求群众意见，对调研结果和建议进行改进。同时要建立调研的长效和常态机制，定期深入经济落后、问题较多的地方调研，了解群众疾苦，同时不忘全面了解情况，及时总结好的经验和做法，拓宽解决问题的思路。

【题目 3】

你与小李是不同科室的同事，一起约定出去旅游，并且已经定好了机票和酒店。小李向领导请假，领导未准假，但是之前领导给其他同事准假了。此时，领导给小李安排了工作，小李有怨言。你如何劝小李？请现场模拟。

【评分参考】

小李，我特别能理解你此时的心情，确实一开始听说领导不准假时，我也有些难以接受。我知道咱俩为了这次约定好的旅游已经做足了各项准备，可惜没想到你所在的科室会突然接到这么紧急的任务。没关系，下次我还陪你一起去旅游，到时咱们先提前请好假再妥善安排出行计划。我觉得这次领导没能准你假，并非故意针对你，也不是对你有任何意见，咱也应该理解领导，领导和其他同事也得和你一起加班加点完成这项紧急任务，不是吗？

至于之前领导给有的同事准假了，那可能是因为当时科室里没有特别紧急的任务，而且同事当时家里确实有特殊情况，所以领导才准假了。再者，我们的工作性质决定了我们有时就得加班加点。甘当公仆、为民服务是天职，这也是咱们的初心！另外，我这次也不打算去旅游了，因为你不去的话，我独自一人去也没啥意思。关于机票和酒店，咱们现在就抓紧退了吧，稍微损失一点也没关系。目前，最紧要的就是保质保量地完成好领导交给你的紧急任务。你放心，这次我会陪你一起加油奋战，助你一臂之力，漂漂亮亮地完成工作。下次咱一定来一场计划周密、“说走就走”的旅行，到时再一起欣赏美景、欢聚畅聊，好吗？

【题目 4】

假如你走上新的工作岗位后，发现分管处室的同志有的踏实敬业，但缺乏开拓创新的精神；有的工作干劲大，但平时对自己要求不严；还有的工作认真，但缺乏大局观念。你将如何带好这支队伍？

【评分参考】

作为一名领导干部，不论什么样的级别都要带领或大或小的一支队伍，领导不但要具备基本的工作能力，还要带领团队，发挥团队精神，发挥出团队整体的效能。毕竟没有完美的个人，只有完美的团队。刚走上新的工作岗位，面对新的领导和同事，我必然会面对各种各样的困难。“金无足赤，人无完人”，对于同事的优点和缺点要正确看待。古语有云：“用人如器，各取所长”。作为领导应该做好两方面的工作，首先是取长补短，组成优势团队，做到人尽其才，发挥他们的长处；其次，要培养完善。正如木桶原理所言，一个木桶最终的盛水量将取决于最短的那块木板，团队也如此。团队最大的效能是由最弱的那个成员决定的，所以培养成员，提升团队的整体能力，是一个团队领导必须考虑的。

所以针对以上具体情况，我将从以下几个方面开展工作：第一，以身作则，要求下属做到的我要首先做到并做好，起到模范带头作用。敢于担当，敢于负责，遇事决不推诿。第二，认真分析处室人员不同的知识、心理、性格、业务能力等各方面的素质，只有把这些方面的素质综合起来才能够做到人尽其才，发挥他们的长处，规避他们的短处。第三，不断地创造机会提高处室人员的能力，给他们提供培养和培训的机会，发挥他们的长处，使他们的缺点变成优点，同时促进与其他处室的相互交流，取长补短，提高团队的整体能力。第四，建立考核和激励机制，对于那些后进的成员要指出缺点，不能听之任之，要加强沟通，不能因此伤了感情，影响团队团结。对于表现好的要表扬，对于表现差的要鞭策。打造一个好的团队非常重要，要通过沟通和协调提高整体素质和水平。对于我来说，走上新岗位，接下来的工作还很多，我要加倍努力。

中央机关遴选公务员全真模拟试题及评分参考(二)

引导语：

你好，首先祝贺你顺利通过了笔试，欢迎参加今天的面试。请你来是希望通过面对面的交谈，增进对你的了解。我们会问你一些问题，对于我们的问题，希望你能认真和实事求是地回答。你回答问题的时间是 25 分钟，共 5

道题。回答每个问题前可以先考虑一下,或者用笔记下来,不必紧张,好好把握回答时间。最后祝你成功!好,现在开始。

1. 有人认为"一切皆有可能,凡事尽力而为",也有人认为"应该量力而行"。对于这两种观点,你怎么看?

2. 创造严肃清廉的执政环境,领导干部要坚定自己的信念。结合自身经历和报考岗位,谈谈你会如何抵制诱惑。

3. 市机关新录用的100名公务员在基层实践锻炼结束后,市领导要了解新录用公务员参加实践锻炼的情况。假如你是这位领导的秘书,领导指派你去调查,你会怎么做?

4. 单位准备开辟微信公众号需要招募微信公众号的负责人。有很多人踊跃报名,现在领导让你做人员的选拔工作。你会采用哪两种时间见效快的方式,并就其中一种方式进行详细说明。

5. 是非明,方向清,路子正,人们付出的辛劳才能结出果实。请结合所报考的岗位,谈谈对"明辨"的理解。

说明:1. 不许在此题签上做任何记号。
　　　2. 面试结束后请把此题签放在桌面上。

【题目1】

有人认为"一切皆有可能,凡事尽力而为",也有人认为"应该量力而行"。对于这两种观点,你怎么看?

【评分参考】

这两种观点看似矛盾,其实是有关联的,我认为"尽力而为"与"量力而行"是辩证统一的关系,二者并不是截然对立的。尽力而为是指我们要充分发挥主观能动性,调动一切积极因素努力实现既定工作目标;量力而行是指不要好高骛远,要遵从客观规律,按照有多大能力解决多大问题的原则,合理确定工作目标。因此,我们在工作中既要做到尽力而为又要做到量力而行。

做到量力而行、尽力而为,关键是要把握好"量力"与"尽力"的辩证关系,把二者有机统一起来。我们国家就是将二者科学地结合起来才取得了巨大的经济成就。例如，每个五年计划都是在严密分析当前国内外形势和经济发展规律的情况下制定的，既不畏首畏尾也不轻率冒进，而是在科学规划下，从中央到地方，全国人民充分发挥才干与热情，取得了一个个令世界瞩目的成绩，这就是量力与尽力地完美结合。在具体工作中，我们也要了解自己，扬长避短，不畏难、不惜力、尽力而为，不断突破自我，做出贡献。

总之，我们只有坚持实事求是精神和主观能动性的有机结合，既实事求是、尊重规律，又解放思想、开拓创新，才能在突出实践特色、解决突出问题上有更大的作为。

【题目 2】

创造严肃清廉的执政环境，领导干部要坚定自己的信念。结合自身经历和报考岗位，谈谈你会如何抵制诱惑。

【评分参考】

我们在工作中会遇到很多类型的诱惑，其中有权力诱惑、金钱诱惑、美色诱惑。我们在实际工作过程中一定要树立端正的态度，坚定为人民服务的信念，努力创造一个严肃清廉的政治环境。在实际工作中遇到诱惑，我会主动抵制诱惑。

第一，正确地运用手中的权力，把握好权力的临界点可以为民造福，为党分忧，为国尽忠；超越了权力的临界点则会祸国殃民、害人害己。

第二，财色头上两把刀，充满诱惑而且凶险万分，要看淡财色富贵，克制过度的欲望，不为身外之物所累。做人要清廉，立党为公，执政为民，在诱惑面前心清静、手干净，从严律己，潜心修养，遵规守纪；要清清白白做人，干干净净做事。

第三，古往今来，因配偶、子女犯罪而受到牵连或者一步步滑入犯罪深渊的领导干部不在少数。要有甘于奉献的思想情操，严格要求自己的家人、教育好家人、管理好家人，让身边的亲人成为自己清正廉洁的有力支持者。

综上所述，切实对自己负责、对家人负责、对党和人民负责，坚持做服务人民的好干部。在工作中严格要求自己，一切工作的出发点和落脚点都是要为人民服务，以人民利益为先。

【题目 3】

市机关新录用的 100 名公务员在基层实践锻炼结束后，市领导要了解新录用公务员参加实践锻炼的情况。假如你是这位领导的秘书，领导指派你去调查，你会怎么做？

【评分参考】

全面了解新录用公务员参加实践锻炼的情况，对于完善机关人才的管理和培养，具有非常重要的意义。为了圆满完成本次调查工作，我会做好下面几项工作：

首先，制定调查方案。确定调查内容，包括百名新录用公务员自身的实践体会、取得的收获与存在的问题、基层群众对此的评价等。根据调查的内容确定调查对象，并成立调查小组，分配各自的工作任务。

其次，与本次实践活动中的基层负责人及相关基层干部联系。召开新录用公务员基层锻炼调查座谈会，了解此次新录用公务员实践锻炼的情况，如 100 名新录用公务员的基本情况、本次实践活动的具体内容、公务员在锻炼过程中的优缺点等，分析总结实践锻炼中存在的问题和取得的经验。

再次，采取三步走的方式开展调查。第一步，根据实践锻炼的具体内容，制作针对基层群众的调查问卷和针对 100 名新录用公务员的实践反馈表。第二步，分头行动，调查一组带着调查问卷，通过实地走访的方式，向当地群众了解情况；调查二组带着反馈表，让新招录的 100 名公务员填写，以了解他们对每项具体工作的体会，并提交实践心得报告。第三步，收集与本次实践活动有关的图片、文字素材等。

最后，整理素材，撰写调查报告。把收集到的素材和数据进行科学整理，形成一份全面而客观的调查报告，呈交给相关领导，以便于领导了解本次基层实践锻炼活动的真实情况。

【题目 4】

单位准备开辟微信公众号需要招募微信公众号的负责人。有很多人踊跃报名，现在领导让你做人员的选拔工作。你会采用哪两种时间见效快的方式，并就其中一种方式进行详细说明。

【评分参考】

单位开辟微信公众号是为了做好宣传活动,使群众更加方便和直观地了解单位工作。大家都积极参与,但是公众号代表单位的形象,所以我们要做好正确的人员挑选,让公众号能长期正常运营下去。我会采取以下两种方式:第一,让大家把自己做过的最满意的公众号推送给我,我再从中选出三个质量优秀且风格突出的公众号,做好排序,让领导在其中选出最满意的。第二,给候选人一个主题,让他们在规定时间制作一篇推送文章发给我,借此做出选择。

方案与具体措施:因为单位公众号应尽量避免出错误,所以我会选择有过公众号运营经验或自己建有公众号的人选,要求候选人将公众号推送给我,筛除一些质量差的公众号。接下来,我会邀请经验丰富的同事来和我一起查看内容、版式等专业方面的内容,各自筛选出 3 个满意的公众号,将筛选的公众号编号,邀请各个部门的同事进行投票,选出票数最高的 3 个,如有相同票数的公众号,则再做讨论。最后,将最终筛选的公众号和候选人信息交给领导,让领导做出最后的选择。

【题目 5】

是非明,方向清,路子正,人们付出的辛劳才能结出果实。请结合所报考的岗位,谈谈对"明辨"的理解。

【评分参考】

习近平总书记在与北京大学师生座谈时,深情寄语广大青年要"勤学、修德、明辨、笃实"。其中,"明辨"二字,对广大青年乃至整个社会而言,具有极强的现实意义。

当前,面对世界的深刻复杂变化,面对信息时代各种思潮的相互激荡,面对纷繁多变、鱼龙混杂的社会现象,一些人面对学业、情感、职业选择等多方面的考问,一时有些疑惑、彷徨、失落是正常的人生经历,但关键是要学会思考、善于分析、正确抉择,做到稳重自持、从容自信、坚定自励。

一个国家、民族,善于明辨是非,善于决断选择,知道自己是谁,是从哪里来的,要到哪里去,想明白了、想对了,才会坚定不移朝着目标前进。在革命、建设、改革的各个重大历史关头，在一次次激烈的思想交锋中，正是通过慎思明辨、去伪存真，不断廓清思想迷雾，我们才最终选择了正确的中国特色社会主义道路，确立了社会主义核心价值观，进而树立起了强大的道路自信、理论自信、制度自信、文化自信。

公务员掌握着公共权力，公务员的价值取向如何，很大程度上决定了未来社会的价值取向。特别是青年公务员，倘若是非明、方向清、路子正，整个社会未来评判是非曲直的能力就能提升。因此，在未来的工作中，无论面对何种机遇和机缘，我都会坚持正确的世界观、人生观、价值观，深入观察民生万象，学会独立思考、理性审查、正确抉择，做到慎思明辨、断是非、晓得失、知荣辱；做到稳重自持、从容自信、坚定自励，对自己和青春负责，对国家和社会有所担当。

附录二

地方遴选公务员全真模拟试题

地方遴选公务员全真模拟试题及评分参考(一)

引导语:

你好,祝贺你进入面试,今天的面试,我们会问你 4 个问题,由我来读题,你听题的同时可以对照桌面上的题本,听完每一道题后逐一回答,答完每一道题请说“答题完毕”。考试时限 20 分钟,不单独计时,务请注意把握时间。最后 1 分钟时计时人员会提醒时间。听清楚了吗?好,现在开始。

1. 近年来,在“就业难”的背景下,许多毕业生并不急于择业,而是选择了“慢就业”。对此,有人认为这是浪费时间,也有人认为这体现了社会进步。对此,你怎么看?

2. 你是某项目组副组长,组员小刘为工作的开展提出了一个建议,你认为该建议有其可取之处,但是组长认为小刘平时工作不踏实,很多想法不切实际。此时,你该怎么办?

3. 为了减少山体自然灾害,市政府依法关停了镇里几家经营到期的采石厂。不能继续在采石厂工作的几百名村民拿着锄头、铁锹等工具,聚集在镇政府前,要求镇政府给个说法。镇党委书记和镇长都不在,你是镇党委办公室的秘书,你怎么办?

4. 汛期阶段,降水量增大,容易发生洪涝、滑坡、泥石流等地质灾害,领导让你做好预防和避险的宣传工作。你会怎么做?

说明:1. 不许在此题签上做任何记号。

2. 面试结束后请把此题签放在桌面上。

【题目 1】

近年来，在“就业难”的背景下，许多毕业生并不急于择业，而是选择了“慢就业”。对此，有人认为这是浪费时间，也有人认为这体现了社会进步。对此，你怎么看？

【评分参考】

我个人赞成“慢就业”。我不认为“慢就业”是在浪费时间。因为我们处于社会主义市场经济不断发展完善的社会转型时期，有更多就业岗位能够让大学生有多元化的选择。当今社会鼓励大众创业、万众创新，大学生不仅可以通过找工作的方式获得就业机会，也可以发挥自身价值自主创业，为更多的人提供就业机会。

我想有人觉得这种“慢就业”是在浪费时间，是因为这些人认为部分大学生不就业的原因为：一是部分大学生好高骛远，没有就业意识，主动选择“慢就业”；二是大学生在高校学到的知识在社会上用不到，或者说是大学生缺少实际工作的技能，被动选择“慢就业”。

要想解决这些问题，我认为需要多方发力，共同认真对待。我有以下几点建议：

第一，大学生层面，媒体需要加大宣传引导，真正倡导大学生不要好高骛远，让他们有一定的担当意识；家庭需要给予大学生更多的包容，引导大学生独立自主，实现经济独立。

第二，教育层面，高校应该加强对于大学课程的优化设计，结合当前时代的发展以及经济结构的转变，设置更加合理的课程，为大学生提供相应的学习以及锻炼的机会，增强大学生的动手能力。此外，高校还应与组织联合，在增加大学生实习机会的基础上，推动产学研、创业孵化园的建立，鼓励更多大学生积极参加就业、积极创业。

【题目 2】

你是某项目组副组长，组员小刘为工作的开展提出了一个建议，你认为该建议有其可取之处，但是组长认为小刘平时工作不踏实，很多想法不切实际。此时，你该怎么办？

【评分参考】

作为项目组的副组长，我既要圆满完成组长交给我的任务，又要及时地把组员的想法和工作状态反映给组长，这样才能凝聚整个项目组的力量，实现项目组的团结，按时完成上级交给的工作任务。

一方面，我会向组长建言，小刘在平时的工作中确实存在不踏实的情况，年纪也比较轻，工作经验并不是很丰富，有时候想法未免不切实际，但也正因为他比较年轻，工作才更有干劲儿，才有很多新想法。如果单因为他以往的表现而不予考虑这次的建议，未免有失客观和全面。同时，我也会将自己对小刘建议的看法向组长说明，小刘这次的建议比较新颖，也具备可行性，希望组长能够再考虑一下。

另一方面，我会选取合适时机，主动找小刘沟通，肯定他年轻有活力、对工作上心、有想法，同时告诉他光有想法还不行，还得有将想法落实到位的能力，做到这一点，他必须努力学习，踏实工作，逐渐累积经验，增强实践业务能力。另外，我会在平时多关心和督促小刘，多与他沟通，使他逐步改正自己的缺点，不断成长和进步。

【题目 3】

为了减少山体自然灾害，市政府依法关停了镇里几家经营到期的采石厂。不能继续在采石厂工作的几百名村民拿着锄头、铁锹等工具，聚集在镇政府前，要求镇政府给个说法。镇党委书记和镇长都不在，你是镇党委办公室的秘书，你怎么办?

【评分参考】

几百名村民拿着锄头、铁锹等工具聚集在镇政府前讨说法，如果不能及时有效地处理，不仅会影响镇政府在百姓心中的形象，还会造成群体性事件，对全镇的社会秩序造成不良的影响，因此我会采取果断措施，妥善解决此事。

首先，面对村民的聚集抗议. 我会迅速打电话请示镇政府领导，听取领导指示。根据领导指示，召集抗议村民所在村的村干部，向他们说明情况的严重性，请他们火速赶到现场维持秩序。然后，我会集合同事以及镇政府保安，一起做好现场的秩序维持工作，防止事态进一步恶化。如果情况十分严重，我也会请镇派出所民警前来控制好局面，避免发生群体性事件。

其次，利用高音喇叭向村民喊话，告诉他们我的身份，向他们表示我非常理解他们的心情。喊话内容为："对于关闭采石场而导致你们的生活没有了经济来源，生活陷入困境这些情况，镇政府极为关注，而且也未雨绸缪，采取了相关措施。镇政府已经为大家规划好了将来的出路，准备在关停采石厂后，做好山体修护工作，在矿区发展养老休闲、观光旅游等产业，这样既能发展绿色环保经济又能谋求更大的发展，这些产业所带来的工作机会将会是目前的两倍以上，足以解决大家的生计问题。在新的就业岗位产生之后，镇政府会优先考虑安排采石厂的下岗工人就业，不会对大家置之不理的，请你们放心。之前我们没有做好宣传解释工作，这是我们的失误，向大家道歉，希望大家谅解。但是大家一定要相信，政府和大家的想法是一致的，就是希望大家能够在保证安全的情况下致富。就业的具体细节，请你们派出代表与我们进行商谈，请其他村民暂时回去等候消息。"在选出村民代表后，我会与同事以及赶来的村干部一起做好村民的疏散工作。

再次，召开由村民代表、村委会领导、镇政府代表等参与的座谈会，倾听各方的意见。在座谈会上，对于我们未能及时做好沟通工作向村民代表进行道歉，同时告诉他们关闭采石厂的目的和意义，并说明未来几年我镇的详细规划和采石厂工人就业具体安置计划，请他们转告其他村民，让大家不要担心。

最后，我会将本次事件的具体处置情况向领导汇报，并请示下一步处理措施。

【题目 4】

汛期阶段，降水量增大，容易发生洪涝、滑坡、泥石流等地质灾害，领导让你做好预防和避险的宣传工作。你会怎么做？

【评分参考】

为做好汛期地质灾害防治工作，让老百姓"灾害来时心不慌，避灾撤离有方向"，尽可能减少地质灾害造成的人员伤亡和经济损失，我会采取以下方式认真做好预防和避险方面的宣传工作。

首先，起草宣传方案，报请领导批准。按照领导指示精神，组织经验丰富的有关同事共同商议并起草一份内容全面、重点突出、易学易用、操作性强的汛期预防和避险的宣传方案，呈报领导阅示后修改完善。

其次，加强地质灾害预防和避险宣传。一方面，按照领导批示精神，在一定范围内，通过广播、电视、门户网站、微信公众号等传统媒体与新媒体有机结合的方式，加强地质灾害预防和避险宣传；另一方面，积极落实省、市、县、乡、村五级应急预案，深入地质灾害隐患点向相关百姓发放地质灾害预防材料，张贴宣传标语，为群众防灾、避险筑起一道安全屏障。

最后，在发放材料、张贴标语的基础上，组织宣传分队，深入地质灾害隐患区，召开大会，使百姓进一步了解汛期预防和紧急避险等有关知识。比如，广泛告知群众汛期应随时注意周围环境的异常变化，选择有效的自救办法：遭遇山洪时，应向洪道两侧跑或者向高地转移，不要轻易游水或渡河转移；面对洪水来袭，应切记不可攀爬带电的电线杆，被困时可利用通信设施联系人员实施救援，使用哨子、色彩鲜艳的衣服、镜子等发出求救信号；发生坍塌滑坡、泥石流时，应选择正确的撤离路线，切勿进入危险区，应向两侧逃离，切不可顺着滑坡、泥石流沟向上游或下游跑，不要停留在凹坡处。通过这种方式，让百姓懂得根据实际情况选择科学的自救办法，尽可能避免汛期给百姓造成生命财产损失。

■ 地方遴选公务员全真模拟试题及评分参考(二)

引导语：

你好，祝贺你进入面试，今天的面试，我们会问你 4 个问题，由我来读题，你听题的同时可以对照桌面上的题本，听完每一道题后逐一回答，答完每一道题请说“答题完毕”。考试时限 20 分钟，不单独计时，务请注意把握时间。最后 1 分钟时计时人员会提醒时间。听清楚了吗？好，现在开始。

1. 习近平总书记指出：“学习是成长进步的阶梯。”谈谈这句话对你的学习、工作的启示。

2. 你是单位的新人，领导将一项重要的工作任务交给你，并嘱咐你不懂的地方一定要及时沟通。由于你是第一次负责这么重要的工作，总是不敢做决定，经常找领导请教意见。某日你找领导沟通工作时，领导严厉批评你能力欠妥。请问，你认为问题出在哪里？你应该如何处理？

3. 某组织派代表到你单位参观,你和小张、小李共同负责接待工作,接待中代表有怨言,领导批评了你们。小张和小李因此产生了不满情绪,不想继续做了,此时你怎么办?

4. 为了增强领导干部的宪法意识,维护宪法权威,单位内部要组织一次新宪法的培训学习活动。如果领导让你负责此次活动,你会如何开展?

说明:1. 不许在此题签上做任何记号。
2. 面试结束后请把此题签放在桌面上。

【题目 1】

习近平总书记指出:"学习是成长进步的阶梯。"谈谈这句话对你的学习、工作的启示。

【评分参考】

"知识就是力量,知识就是财富。"这一众所周知的俗语点明了知识的重要性。知识如何获取?通过学习。就像习近平总书记所说"学习是成长进步的阶梯"。只有通过学习获得我们工作、生活所需的本领,才能把我们的工作做好、让我们的生活变得更好,才能获得成功。习近平总书记的这句话,让我更加认识到学习的重要性,也让我更加坚定了不断学习的信念。

在工作上,作为一名公职人员,我不仅要主动学习单位的各项规章制度、学习本岗位的工作内容,以便让自己更快地适应工作;我还要向领导和同事学习,学习他们认真工作、不断钻研的精神,学习他们的优秀经验,把工作做得更好。只有这样,我才能更好地完成自己的本职工作,更好地为群众服务。此外,我还会认真学习马克思主义理论、学习党的路线方针政策和国家的法律法规,不断提高自己的政治素养。

在生活中,我也不会停下学习的脚步。我会不断扩充自己的知识面,学习历史知识,以史为鉴,从以往的历史中汲取经验和智慧,自觉按照历史发展的规律去办事;学习文学知识,尤其是我国的传统文学,提高自己的文学素养,学习古代先贤的高尚思想和民族精神;学习科学知识,比如科技方面的知识,拓宽自己的视野,让自己跟得上时代发展的脚步。总之,"学无止境",无论处在什么样的岗位,我都会坚持学习,活到老、学到老。

【题目2】

你是单位的新人，领导将一项重要的工作任务交给你，并嘱咐你不懂的地方一定要及时沟通。由于你是第一次负责这么重要的工作，总是不敢做决定，经常找领导请教意见。某日你找领导沟通工作时，领导严厉批评你能力欠妥。请问，你认为问题出在哪里？你应该如何处理？

【评分参考】

第一次负责重要的工作任务，出现紧张、怕出错、不敢做决定等情况虽然是可以理解的，但是我们也应该深刻地意识到，这正是一个新人得到锻炼和成长、快速提高自己业务能力的好机会。针对领导因我经常找他请教意见而批评我能力欠妥这件事，我认为问题主要出在以下几个方面：

第一，我不够自信。因为是第一次面对如此重要的工作，我对自己的能力产生了怀疑，对自己缺乏自信，才导致我开展工作时畏首畏尾，过于拘谨。

第二，未能正确领会领导的意图。领导交付我如此重要的工作任务，是想通过这样的机会锻炼我，也相信我有能力将这一工作完成好，但我却没有领会领导的良苦用心，辜负了领导对我的期望。

第三，在没有进行独立思考也没有尝试独立解决问题的时候，就贸然向领导询问意见，没有保持工作和思考的独立性，过于依赖他人。

第四，在向领导请教意见的时候，我未能注意沟通的方式方法，致使沟通不畅，让领导误以为我缺乏思考和主见，工作能力欠妥。

针对这件事反映出的种种问题，我一定会认会总结和反省，主动向领导承认错误，并大胆地将自己对于此次工作任务的想法和工作方案告诉领导，在领导的指示下严格执行，保质保量地完成工作任务。同时在日后的工作中，我也会吸取经验教训，随时根据具体情况调整工作方式，保持工作的自主性和思考的独立性，适时适度地在关键环节请教领导的意见，全面提高自己的工作能力。

【题目3】

某组织派代表到你单位参观，你和小张、小李共同负责接待工作，接待中代表有怨言，领导批评了你们。小张和小李因此产生了不满情绪，不想继续做了，此时你怎么办？

【评分参考】

某组织代表来我单位参观，关系到单位与组织的长远发展。接待期间工作出现了问题，这不仅会阻碍双方的合作，还会影响单位的形象。对此，我会尽快调整接待方案，改进服务，尽最大努力做好接下来的工作。

第一，虚心接受领导的批评，向领导承诺会尽快找到接待中的不足之处并及时采取补救措施，通过良好的后续服务维系好与组织代表的关系。

第二，积极开导小张和小李，肯定他们在前期工作中的努力，讲明领导的批评也是希望大家做好工作，只要我们改进服务，一定能让组织代表满意，获得领导的肯定。相信通过我的开导，他们会摆正心态，积极参与到工作中去。接下来我会与小张、小李共同反思之前的接待工作，找到服务不周的地方，及时加以改善。

第三，就接待中出现的问题诚恳地向组织代表道歉，争取他们的谅解。同时我们也会和各位代表深入沟通，了解他们的行程安排和生活习惯等，并结合之前发现的不足，重新制定合理、周到的接待方案。

第四，我会和同事合理分工，各司其职，做好接待工作，如调整参观流程、合理规划会议议程、根据饮食习惯改善餐饮等。同时，我们还会和单位的其他同事提前沟通，请大家注意言行得当、礼貌待人，共同维护好单位形象。希望通过热情的服务和特色化的招待，能够让各位代表对我单位的情况有充分的了解，更好地促进双方的合作。

接待结束后，我会和小张、小李一同向领导汇报工作成果，并整理相关资料，为以后的工作提供参考。此次接待工作让我明白了沟通和充分考虑对方需求的重要性。我会总结这些经验教训，在今后注意提前沟通、事先了解对方的需求，充分利用团队的力量，更好地完成工作。

【题目 4】

为了增强领导干部的宪法意识，维护宪法权威，单位内部要组织一次新宪法的培训学习活动。如果领导让你负责此次活动，你会如何开展？

【评分参考】

组织新宪法的学习培训活动有利于增强领导干部的宪法意识，增强遵守法律的自觉性，加强对宪法的了解及敬畏意识。对于此次活动，我将从以下方面来开展：

第一，组织成立活动小组，学习宪法相关内容，确定培训学习的内容及进程。

第二，与活动小组确定好相关信息。一是确定培训对象及相关事宜。了解单位同事的时间安排及人员数量，根据不同的时间安排和人员数量，确定培训的时间、培训的场地。二是确定此次活动的培训专家。此次活动内容为“宪法的基本知识、宪法在我们实际工作的指导意义以及我们在日常生活中应该如何遵守宪法，如何维护宪法的权威”。邀请法律行业的相关专家学者以及单位领导作为此次活动的授课专家。三是确定培训方式。为了避免形式化，让宪法学习起到真正作用，本次活动中采取视频播放、案例分享以及趣味知识问答等形式，充分调动大家参与的积极性。

第三，根据确定的信息撰写活动方案，并将方案上交领导审核，在领导批准后，利用单位网站、公告栏等通知大家相关活动消息，同时购买活动所需物品。

第四，安排工作人员做好入场签到以及活动现场秩序的维护，安排好活动现场的拍摄工作，以便存档，在保证大家学有所获的同时保证大家的人身安全。在学习结束后，开展知识有奖竞答活动．并对成绩优异者给予一定的奖励。

第五，将活动资料汇总并向领导汇报，将影像资料以及纸质资料存档，以便为日后举行类似活动提供参考。

参考文献

[1] 边文敬.我国公务员考试录用制度存在的问题与对策[D].长春:吉林大学,2011.

[2] 曹永胜,王铮.近年来英国公务员录用制度的改革与发展[J].中国行政管理,2012(2):95-98.

[3] 冯军.公务员考选制度研究[M].北京:社会科学文献出版社,2011.

[4] 韩达亮.当代中国公务员考试录用制度浅析[J].领导科学论坛,2018(7):26-28.

[5] 李如海.公务员制度概论[M].北京:中国人民大学出版社,2014.

[6] 李永新.行政职业能力测验[M].北京:人民日报出版社,2020.

[7] 廖泉文.招聘与录用[M].3版.北京:中国人民大学出版社,2015.

[8] 刘碧强,郗永勤.国家公务员制度概论[M].2版.北京:中国人民大学出版社,2019.

[9] 刘栋.论中国公务员考试录用制度的创新[J].管理现代化,2010(3):3-5.

[10] 刘汉民.面试实战技法[M].北京:清华大学出版社,2015.

[11] 刘远我.人才测评:方法与应用[M].3版.北京:电子工业出版社,2015.

[12] 马欣川.面试学:理论与实践[M].北京:社会科学文献出版社,2011.

[13] 齐振江.公务员面试你应该了解的表达小技巧[J].人才资源开发,2021(3):43.

[14] 任文硕，梁玉萍. 公务员考录制度的现状及趋势[J]. 中国人力资源社会保障，2012(12)：14-15.

[15] 王少雄. 国外公务员考试录用制度之鉴[J]. 人力资源，2008(15)：17-19.

[16] 萧鸣政. 人员素质测评理论与方法[M]. 北京：北京大学出版社，2016.

[17] 徐敏. "晕轮效应"对考录公务员面试考官的影响与应对[J]. 行政与法，2012(2)：10-14.

[18] 杨林生，余海斌. 国内外公务员考试制度的比较研究[J]. 广西社会科学，2001(6)：174-176.

[19] 杨硕. 我国公务员考试录用制度研究[D]. 成都：电子科技大学，2007.

[20] 张永清. 西方公务员面试测评研究[J]. 中国公务员，2002(5)：56-57.